Pastors who will go to hell

Pastors who will go to hell

지옥 가는 목사들
Pastors who will go to hell

daniel cho
다니엘조

차례

서문 ... 7

I. 배도하는 교단과 교회 ... 17
1. 악인들의 장막에서 떠나라 ... 19
2. 지금 소돔에서 나오라 ... 39
3. 그리스도를 두 번 못 박는 자들 ... 59

II. 미혹하는 목사 ... 77
4. 세상 끝의 징조 ... 79
5. 인터넷으로 미혹하는 귀신들 ... 97
6. 성경을 억지로 풀다 멸망하는 목사들 ... 113
7. 안식일을 바르게 지키고 가르치라 ... 135
8. 거룩한 섭생 ... 153

차례

III. 음란하고 타락한 목사들 ... 169

   9. 이 땅에 간음하는 자가 가득하도다 ... 171
   10. 빛에 드러나는 어둠의 권력들 ... 189
   11. 목사들을 믿지 말라 ... 207
   12. 목사와 교회로부터 시작 되는 심판 ... 233

IV. 거짓 목사와의 전쟁 ... 253

   13. 한국의 대표적인 거짓 목사들 ... 255
   14. 거짓 목사를 몰아내라 ... 275

서문

예수께서 이르시기를

"화 있을진저 외식하는 서기관들과 바리새인들이여 너희는 천국 문을 사람들 앞에서 닫고 너희도 들어가지 않고 들어가려 하는 자도 들어가지 못하게 하는도다" "화 있을진저 외식하는 서기관들과 바리새인들이여 너희는 교인 한 사람을 얻기 위하여 바다와 육지를 두루 다니다가 생기면 너희보다 배나 더 지옥 자식이 되게 하는도다"(마 23:13; 15).

라고 하였으니 오늘 이 말씀이 한국의 목사들에게 응하였습니다.

목사들이 교인들을 구원으로 인도하는 줄 알았는데 도리어 인간의 구원을 가로막는 가장 큰 장애물이라는 사실을 깨닫기까지는 시간이 걸렸습니다. 나는 어렸을 때부터 신앙 생활을 하였지만 목사들이 진리를 바르게 가르치지 않는다는 것을 알게 된 것은 그리 오래되지 않았습니다. 내가 진리를 바르게 깨닫기 시작한 것은 성령을 받고 성경을 공부하기 시작하면서부터 입니다. 성령께서 매우 빠르게 깊은 것까지 깨닫게 하였습니다. 성경을 손에서 놓지 못할 정도로 말씀을 묵상하며 진리를 알아가는 기쁨이 너무도 컸습니다. 한편으로는 그간 성경을 잘못 배웠다는 것을 깨닫고 부끄러웠습니다. 더 나아가 성경을 틀리게 가르친 목사들에 대한 의분이 일어났습니다.

이와 같은 의분이 일어났던 이유는 성경을 가르치고 배우는 것은 영혼 구원의 중대한 문제라는 것을 알았기 때문입니다. 더구나 진리를 제대로 가르치지 않은 목사들로 인해 내 영혼이 지옥으로 갈 수도 있었다는 사실을 생각하면 지금도 소름이 돋습니다. 내가 진심으로 회개하여 성령으로 거듭나지 않았다면 진리를 바르게 깨달을 수도 없을 뿐더러 잘못 배운 성경 지식으로 말미암아 멸망의 길을 갈 수밖에 없었을 것입니다.

내가 이 책을 쓴 이유는 성경을 잘못 가르치고 진리를 왜곡하는 목사들로부터 교인들이 미혹 받는 일이 없도록 하기 위한 것입니다. 나는 한국 목사들의 죄가 무엇인지를 잘 알고 있습니다. 경험으로도 알고 성경을 풀어서도 알고 있습니다. 또한 성령께서 그들의 잘못된 점을 명확히 보여주었습니다. 죄를 보고도 지적하지 않는 것은 죄입니다. 그러므로 나는 그들의 죄를 지적하지 않을 수가 없습니다. 이 책은 나의 설교를 모은 것으로서 한국의 목사들을 비판하는 것이 목적이 아닙니다. 교인들이 목사들의 잘못 된 가르침을 분별하고 미혹으로부터 돌아올 수 있도록 교훈을 주기 위한 것입니다. 또한 교인들에게 거짓 목사들과의 영적 전쟁을 해야 하는 당위성과 그 방법을 가르치기 위한 것입니다.

많은 목사들도 이 책을 접할 것입니다. 이 책을 통하여 스스로 미혹에 빠졌던 것을 깨닫는다면 하루 속히 진리의 길로 돌아오기를 바랍니다. 하나님의 말씀에 순종하는 것처럼 보였지만 결국에 멸망의 길로 간 발람처럼 되지 않아야 할 것입니다. 이 책을 읽는 한국 목사들 중에는 한 사람도 지옥 가는 목사가 없기를 바랍니다. 또한 이 책을 읽는 교인들 중에는 한 사람도 목사 때문에 지옥 가는 교인이 없기를 소망합니다. 이 책을 읽고 전하는 모든 분들에게 우리 주 예수 그리스도의 은혜와 평강이 있기를 기도합니다.

예수께서 이르시되
내가 곧 *길*이요

∙
∙
∙
진리요

∙
∙
∙

생명이니
나로 말미암지 않고는
아버지께로 올 자가 없느니라

요한복음 14:6

Pastors who will go to hell

I
배도하는 교단과 교회

1. 악인들의 장막에서 떠나라
2. 지금 소돔에서 나오라
3. 그리스도를 두 번 못 박는 자들

"모세가 회중에게 말하여 이르되 이 악인들의 장막에서 떠나고 그들의 물건은 아무 것도 만지지 말라 그들의 모든 죄 중에서 너희도 멸망할까 두려워하노라 하매"

민수기 16:26

"땅이 그 입을 열어 그들과 그들의 집과 고라에게 속한 모든 사람과 그들의 재물을 삼키매" "그들과 그의 모든 재물이 산 채로 스올에 빠지며 땅이 그 위에 덮이니 그들이 회중 가운데서 망하니라"

민수기 16:32-33

배도하는 교단과 교회

1
악인들의 장막에서 떠나라

어렸을 때 단체 기합을 받은 적이 있습니다. 한 사람이 잘못하였는데 모두에게 벌을 내렸습니다. 잘못한 사람의 그룹에 속해 있으면 손해를 봅니다. 다윗이 인구 조사를 한 죄로 백성 칠만 명이 전염병으로 죽는 벌을 받았습니다. 죄를 지은 왕의 백성이라는 이유만으로 벌을 받은 것입니다. 이처럼 누구와 함께 하는 것, 어떠한 모임이나 단체에 속하는 것은 매우 중요한 문제입니다. 본문 말씀은 그러한 것을 단적으로 보여주는 좋은 예입니다. 고라는 성경에서 하나님께 대적하는 패역한 인물의 대명사입니다. 유다서 1장 11절을 보겠습니다.

"화 있을진저 이 사람들이여, 가인의 길에 행하였으며 삯을 위하여 발람의 어그러진 길로 몰려 갔으며 고라의 패역을 따라 멸망을 받았도다"(유 1:11).

이 말씀은 거짓 교사에 대한 가르침 중의 일부인데 고라의 패역함을 인용하고 있습니다. 고라가 주의 종인 모세의 권위에 거슬러 대적하는 것을 민수기 16장 1절에서 3절까지를 통하여 살펴보겠습니다.

"레위의 증손 고핫의 손자 이스할의 아들 고라와 르우벤 자손 엘리압의 아들 다단과 아비람과 벨렛의 아들 온이 당을 짓고" "이스라엘 자손 총회에서 택함을 받은 자 곧 회중 가운데에서 이름 있는 지휘관 이백오십 명과 함께 일어나서 모세를 거스르니라" "그들이 모여서 모세와 아론을 거슬러 그들에게 이르되 너희가 분수에 지나도다 회중이 다 각각 거룩하고 여호와께서도 그들 중에 계시거늘 너희가 어찌하여 여호와의 총회 위에 스스로 높이느냐"(민 16:1-3).

고라가 모세에게 대적을 합니다. 이백오십 명이 고라와 함께 하였습니다. 이들은 아마도 모세가 하는 일이 못마땅하거나 모세가 문제가 있다고 판단했을 수도 있습니다. 그러나 성경의 내용을 보면 이들은 권력에 욕심을 가지고 그렇게 한 것을 알 수 있습니다. 민수기 16장 8절에서 10절까지를 보겠습니다.

"모세가 또 고라에게 이르되 너희 레위 자손들아 들으라" "이스라엘

의 하나님이 이스라엘 회중에서 너희를 구별하여 자기에게 가까이
하게 하사 여호와의 성막에서 봉사하게 하시며 회중 앞에 서서 그들
을 대신하여 섬기게 하심이 너희에게 작은 일이겠느냐" "하나님이 너
와 네 모든 형제 레위 자손으로 너와 함께 가까이 오게 하셨거늘 너
희가 오히려 제사장의 직분을 구하느냐"(민 16:8-10).

고라와 당을 지은 레위 자손들이 제사장의 직분을 원하여 모세에게 들고 일어난 것이었습니다. 이처럼 당을 짓는 자들이 일반적으로 추구하는 것은 권력과 이권입니다. 이들은 그 당시 대제사장이었던 아론을 원망하였습니다. 민수기 16장 11절을 보겠습니다.

"이를 위하여 너와 너의 무리가 다 모여서 여호와를 거스르는도다 아
론이 어떠한 사람이기에 너희가 그를 원망하느냐"(민 16:11).

이들은 아론에게 자신들을 제사장으로 임명하지 않은 것에 대한 원망을 하였을 것으로 미루어 짐작할 수 있습니다. 모세는 온유함이 지면에서 뛰어난 사람이라고 불리었습니다. 그는 실제로 겸손한 사람이었고 이스라엘 백성을 위하여 목숨을 걸고 하나님께 중보를 하기도 했습니다. 고라와 그의 당들이 대적할 때 모세가 반응한 것을 보겠습니다. 신명기 16장 4절입니다.

"모세가 듣고 엎드렸다가"(신 16:4).

이들이 대항해 올 때 모세가 한 반응은 즉시 하나님께 엎드린 것입니다. 자신이 혹시 잘못하여 이들이 대적하는지 아니면 이러한 일이 발생하는 것 자체가 하나님께 죄가 된다고 생각하였는지 모세는 우선 하나님 앞에 겸손히 엎드렸습니다. 이것이 문제가 발생할 때 하는 모세의 첫 반응이었습니다. 누가 대적할 때에 맞서 다투지 않아야 합니다. 하나님께 무릎을 꿇어야 합니다. 그런 후에 모세는 우선 하나님께서 어떻게 할지를 보자고 합니다. 민수기 16장 5절을 보겠습니다.

"고라와 그의 모든 무리에게 말하여 이르되 아침에 여호와께서 자기에게 속한 자가 누구인지, 거룩한 자가 누구인지 보이시고 그 사람을 자기에게 가까이 나아오게 하시되 곧 그가 택하신 자를 자기에게 가까이 나아오게 하시리니"(민 16:5).

모세는 회중에게 자신이 잘못하였는지 이들이 잘못하였는지를 하나님께서 행하는 것으로 판단 받을 것이라고 하였습니다. 민수기 16장 28절에서 30절까지를 보겠습니다.

"모세가 이르되 여호와께서 나를 보내사 이 모든 일을 행하게 하신 것이요 나의 임의로 함이 아닌 줄을 이 일로 말미암아 알리라" "곧 이 사람들의 죽음이 모든 사람과 같고 그들이 당하는 벌이 모든 사람이 당하는 벌과 같으면 여호와께서 나를 보내심이 아니거니와" "만일 여호와께서 새 일을 행하사 땅이 입을 열어 이 사람들과 그들의 모든 소유물을 삼켜 산 채로 스올에 빠지게 하시면 이 사람들이 과연 여호와를 멸시한 것인 줄을 너희가 알리라" (민 16:28-30).

모세가 이 말을 마치자마자 고라와 그에 속한 자들이 서 있던 땅이 갈라져 이들을 모두 삼켜버렸습니다. 이상으로 고라의 패역함과 모세의 신실함을 대비하며 하나님이 세운 종의 권위에 대항한 고라와 그 일당들이 멸망한 내용을 간략히 살펴보았습니다. 그런데 여기서 초점을 두려는 것은 고라라는 인물이 아닙니다. 그가 악하게 대적하는 자이고 결국 망했다는 이야기를 하려는 것이 아닙니다. 여기서 말씀드리려는 것은 고라에게 속한 자에 관한 것입니다. 고라가 멸망할 때 그와 함께한 사람들도 같이 멸망했습니다. 이 사람들은 악한 고라와 함께 있었다는 이유만으로 함께 죽었습니다. 본문 말씀은 악한 자가 있는 곳에 같이 있기만 하여도 함께 재앙을 당할 수 있음을 경고합니다. 심지어는 악한 무리의 물건조차도 만지지 말라고 합니다. 본문의 첫 번째 말씀을 다시 보겠습니다.

"모세가 회중에게 말하여 이르되 이 악인들의 장막에서 떠나고 그들의 물건은 아무 것도 만지지 말라 그들의 모든 죄 중에서 너희도 멸망할까 두려워하노라 하매"(민 16:26).

이처럼 악한 자들과 한 패가 되는 것은 말할 것도 없지만 단순히 그들과 함께 있는 것만으로도 벌을 받습니다. 다시 말하면 같은 죄에 동참하지 않아도 그들과 같은 그룹이나 단체에 속하는 것조차도 하나님께서는 미워하며 악한 자들과 같은 벌을 내린다는 것입니다. 그들이 소유한 물건조차도 만지지 말라고 경고할 정도이니 믿는 사람들이 얼마나 세상의 악한 것들과 철저히 분리되어야 하는지를 깨달을 수 있습니다.

이러한 원리는 세상의 법에도 적용됩니다. 마피아 조직인 줄 모르고 그 안에서 사무일만 보았어도 그 조직의 죄가 적발되면 그 사람도 처벌을 받습니다. 그 사람은 범죄에 직접 가담하지 않고 사무실만 지키고 있었어도 상관없습니다. 그 조직에 속한 사람이므로 벌을 받는 것입니다. 대한민국의 보안법도 같은 원리가 적용됩니다. 간첩인 줄 모르고 만나서 교제하고 식사하여도 죄가 됩니다. 나라를 해칠 것을 목적으로 일하는 간첩과는 단순히 만나기만 하여도 벌을 받습니다. 돈을 받기라도 하면 훨씬 더 큰 죄가 됩니다. 세상의 법도 이러할진대 하물며 하나님의 법은 얼마나 더 엄격해야겠습니까? 삼천오백 년 전 고라와 그에게 속한 자를 함께 벌하신 동일한 하나님께서 오늘 우리에게 우리가 속해 있는 곳을 돌아보게 합니다.

사람들은 어딘가에 속해 있습니다. 모임이나 조직이나 단체에 속해 있습니다. 가정이나 국가처럼 자신의 의지와 상관없이 날 때부터 속하는 곳이 있으며 살면서 선택하여 속하는 조직도 있습니다. 그것이 어떠한 곳이든 우리는 속해 있는 곳의 어떠함에 영향을 받습니다. 고라의 예에서 본 것처럼 우리가 어디에 속하느냐는 우리의 구원을 결정지을 정도로 심각한 문제입니다. 고라에게 속한 자는 멸망하였습니다. 신천지에 속한 자, 이만희에게 속한 자는 멸망합니다. WCC에 속한 교단, 교회들은 망합니다. 이러한 교회에 속한 목사나 교인도 멸망합니다. 동성애를 인정하는 교단과 교회에 속한 사람들은 패역한 고라에 속한 자들처럼 스올로 떨어질 것입니다. 살려면 내가 속한 곳을 살펴야 합니다.

하나님께서는 교단을 만들지 않았습니다. 하나님은 어떤 종류의 기독교 단체도 만들지 않았습니다. 교단은 그리스도 안에서 배타적입니다. 성경적이지 않은 규정을 만듭니다. 고라처럼 권력을 사랑하고 이권을 추구합니다. 하나님께서는 나는 바울에게라, 나는 게바에게라, 나는 아볼로에게라 하는 것을 금하였습니다. 고린도전서 1장 12절, 13절을 보겠습니다.

> "내가 이것을 말하거니와 너희가 각각 이르되 나는 바울에게, 나는 아볼로에게, 나는 게바에게, 나는 그리스도에게 속한 자라 한다는 것이니" "그리스도께서 어찌 나뉘었느냐 바울이 너희를 위하여 십자가에 못 박혔으며 바울의 이름으로 너희가 세례를 받았느냐" (고전 1:12-13).

그리스도께서는 나뉘어지지 않았습니다. 누구도 교단의 이름으로 세례 받지 않습니다. 예수의 제자들은 함께 제자 협회를 만들지도 않았고 따로 교단을 만들지도 않았습니다. 그리스도를 믿는 믿음과 관련하여서 어떠한 당을 짓는 것은 성경이 금하는 것입니다. 믿는 자들은 그리스도에게만 속하는 것이며 그리스도의 교회에만 속하는 것입니다. 그리스도만 우리를 위하여 십자가에 달렸고 그리스도의 피만 구원의 능력이 있습니다. 우리는 종교단체, 세상적인 조직에서 나와야 합니다. 거룩하지 않은 모임에서 멀어져야 합니다. 교단이 돈을 사랑하는데 목사가 돈을 사랑하지 않을 수 없으며 목사가 돈을 사랑하는데 교인이 돈을 사랑하지 않을 수 없습니다. 교단이 음란한데 목사가 음란하지 않을 수 없으며 목사가 음란한데 교인이 음란하지 않을 수 없습니다. 어디에 속해 있느냐가 우리의 구원을 결정합니다.

지금까지는 고라와 그와 함께한 자들의 멸망을 통하여 우리가 어디에 속해 있는지가 우리의 구원을 결정할 정도로 중요하다는 것에 대하여 말씀을 드렸습니다. 이제부터는 우리 믿는 자들이 나와야 할 곳들, 망하지 않기 위하여 떠나야 할 악한 장막들은 어떠한 것들이 있는지 살펴보겠습니다.

첫째, 교회에 대하여 살펴보겠습니다. 교회는 믿는 자들의 모임입니다. 고린도전서 1장 2절 말씀을 보겠습니다.

"고린도에 있는 하나님의 교회 곧 그리스도 예수 안에서 거룩하여지고 성도라 부르심을 받은 자들과 또 각처에서 우리의 주 곧 그들과 우리의 주 되신 예수 그리스도의 이름을 부르는 모든 자들에게"(고전 1:2).

이 구절은 교회는 성도로 부르심을 받은 자들, 예수 그리스도의 이름을 부르는 자들의 모임이라고 잘 정의를 해주고 있습니다. 다음은 마태복음 18장 20절을 보겠습니다.

"내 이름으로 두세 사람이 모인 곳에는 나도 그들 중에 있느니라"(마 18:20).

즉 둘 이상이 예수의 이름으로 모이면 그 곳이 교회입니다. 교회는 건물이 아니며 교회가 건물이었던 적은 한번도 없습니다. 초대교회 시절 부흥이 있을 때에도 그들은 건물을 짓지 않았습니다. 가정에서 모여 예배 드렸습니다. 동네의 회당을 공동으로 사용하였습니다. 교회를 건물로 생각하도록 만든 것은 로만 가톨릭입니다. 중세 때 면죄부를 팔아 가난한 사람들의 피와 기름으로 크고 화려한 성당들을 지었습니다. 이러한 나쁜 전통이 기독교에도 들어와 많은 교회들이 크고 화려한 교회 건물을 세우고 있습니다. 그러나 큰 교회 빌딩을 갖기 원하는 것은 목사의 탐심이며 교인들의 욕심입니다. 이들은 하나님께 바쳐진 헌물을 자신의 소욕을 위하여 사용한 것입니다. 그러므로 건물에 돈을 많이 들인 곳은 참 교회가 아닙니다. 교회를 건물로 여기는 교회는 떠나야 합니다. 건물은 지진이 오면 무너집니다.

둘째, 목사에 대하여 살펴보겠습니다. 거짓 목사에게서 떠나야 합니다. 거짓 목사의 특징은 돈을 사랑하며 직업으로 목회를 합니다. 그리고 음란합니다. 이 두 가지가 가장 큰 특징인데 이 중에서 두 번째 특징인 음란함은 눈에 잘 드러나지 않습니다. 그러나 돈을 사랑하는지는 잘 관찰하면 알 수 있습니다. 안팎으로 매우 검소하고 소박한 삶의 모습이 없다면 그 사람은 거짓 목사입니다. 그러나 이러한 두 가지 특징보다 더 확실하게 분별할 수 있는 방법이 있습니다. 그것은 여러분 자신을 보는 것입니다. 여러분이 물과 성령으로 거듭나지 않고 거룩한 삶을 살고 있지 않다면, 적어도 점점 성화 되어 가고 있지 않다면 여러분에게 설교를 하는 그 목사는 거짓 목사입니다.

교인들은 참 목사의 설교를 들으면 삶이 거룩하게 바뀌든가 아니면 그 목사로부터 떠나게 됩니다. 변하지 않는 상태로 계속 참 목사의 가르침을 듣지 못합니다. 성화되지 않으면서 참 목사의 가르침을 계속 듣는다는 것은 매우 힘든 일입니다. 그러므로 그러한 사람은 떠나고 맙니다. 그러므로 여러분의 믿음이 거짓 목사를 판단하는 좋은 잣대가 됩니다. 여러분의 믿음이 자라고 있지 않다면 그 목사는 거짓 목사이므로 그곳을 떠나십시오. 여러분은 거짓 목사의 설교를 듣고 있다는 이유만으로도 구원받지 못합니다. 예레미야 20장 6절을 보겠습니다.

"바스훌아 너와 네 집에 사는 모든 사람이 포로 되어 옮겨지리니 네가 바벨론에 이르러 거기서 죽어 거기 묻힐 것이라 너와 너의 거짓 예언을 들은 네 모든 친구도 그와 같으리라 하셨느니라"(렘 20:6).

바스훌은 예레미야에게 대적한 거짓 선지자입니다. 이 구절은 거짓 선지자의 말을 듣기만 한 사람도 거짓 선지자와 함께 죽어 묻힌다고 합니다. 무서운 말씀입니다. 교인은 목사와 함께 흥하거나 망합니다. 목사가 망하는데 교인이 구원받지 못합니다. 고라와 그에게 속한 자들은 운명을 함께하였습니다. 그들은 땅이 갈라져 산채로 스올로 떨어졌습니다. 살려면 거짓 목사의 악한 장막에서 떠나십시오.

셋째, 교단에 대하여 살펴보겠습니다. 교단을 만드는 것은 성경적이지 않으며 하나님의 말씀에 어긋난다는 것에 대하여는 이미 말씀을 드린 바가 있습니다. 우선 장로 교단의 예를 들어 살펴보겠습니다. 장로 교단은 약 사백 년 전에 희대의 살인자 존 칼빈의 신학을 근거로 눈 먼 자들이 만든 것입니다. 이 교단은 "한번 구원은 영원한 구원"이라는 대표적인 교리로 수많은 영혼들을 지옥으로 끌고 갔으며 지금도 그 교단에 속한 목사들은 이러한 교리를 가르치며 영혼들을 사냥하고 있습니다.

모든 교단이 잘못되어 있고 악하지만 장로 교단은 그 중에서도 으뜸입니다. 장로 교단에 속한 교회에서 떠나십시오. 뒤도 돌아보지 말고 떠나십시오. 뒤를 돌아보다가 롯의 아내처럼 소금 기둥이 될까 두렵습니다. 일부의 장로교 목사들 중에는 칼빈의 신학이 잘못된 것을 알고 가르치지 않는 사람들도 있습니다. 그렇지만 교단의 교리는 바뀌지 않았습니다. 그러므로 이러한 목사들도 고라에게 속한 자가 되는 것입니다. 그러니 목사의 어떠함과 상관 없이 장로 교단에 속한 교회를 떠나십시오.

그 외에 한국 교회들이 속한 대표적인 교단들은 감리교, 침례교, 순복음교, 성결교 등이 있는데 이들도 악인의 장막인 것은 장로 교단과 다름이 없습니다. 교단은 성경을 근거로 만들어 지지 않고 신학과 교리를 근거로 만들어졌습니다. 신학도 교리도 모두 사람이 만든 것입니다. 그러므로 틀린 것입니다. 성경만 진리입니다. 하나님의 말씀에 인간의 지식이나 철학을 더하여 만드는 것이 교리이고 신학입니다. 그러므로 교단들은 서로 배타적입니다. 교리나 신학이 서로 틀립니다. 그러므로 이들은 그리스도 안에서 하나가 되지 않습니다. 모두 틀린 것인데 자신들만 옳다고 하는 것이 교단들입니다. 이처럼 교단이 하나님의 말씀을 거역하며 만들어진 조직이라면 그들의 종말이 고라처럼 되지 않겠습니까?

실제로 교단들이 사탄의 회라는 것이 드러나고 있습니다. 많은 교단들이 WCC라는 배교의 조직에 가입되어 있거나 WCC를 지지합니다. 마지막 때가 되니 그 정체를 더욱 선명하게 드러낸 것입니다. 교단은 교회의 권위이므로 그들의 어떠함은 교회와 교인들의 구원에 영향을 미칩니다. 그들은 당을 지은 고라이며 그 교단에 속한 자는 고라에게 속한 것처럼 결국 멸망합니다. 그러니 모든 교단에 속한 교회에서 떠나십시오.

넷째, WCC에 대하여 살펴보겠습니다. WCC는 월드 카운슬 오브 처치 (World Council of Churches)의 약자이며 한글로는 세계교회협의회라고 합니다. 1948년에 기독교 교파를 하나로 통합하려는 세계교회운동의 일환으로 설립되었습니다. 한동안은 이러한 운동이 성경적이지 않음으로 반대하는 사람들과 기독교가 단합되는 긍정적인 것이라고 생각하는 사람들로 의견이 나뉘었습니다. 1966년에는 로만 가톨릭이 여기에 합류를 하게 되는데 이것은 기독교가 음녀 로만 가톨릭과 매춘을 한 것입니다. 이때 즉 50년 전인 1966년에 이 단체가 잘못 가고 있는 것이 이미 포착된 것입니다. 그럼에도 불구하고 미혹된 많은 기독교 교단들은 그동안 열 차례나 국제적인 모임을 하면서 배도의 길을 갔습니다.

2015년 통계로 WCC에 가입된 교단의 수는 345개이며 교인 수로는 5억 명이 넘습니다. 전세계 기독교인의 수가 7억이므로 기독교 인구의 70퍼센트 이상이 WCC에 가입 되어 있는 것입니다. 대형 교단은 대부분 가입 되어 있습니다. 2013년에는 한국의 부산에서 WCC세계총회를 개최하였습니다. 각종 가증한 종교와 무당과 귀신들이 전 세계에서 모두 모여 기독교와 함께 판을 벌렸습니다. 나는 이 사실을 접하고 비탄한 마음으로 기도를 한 적이 있습니다.

이 대회가 끝난지 열흘째 되는 날인 2013년 11월 18일 새벽 비몽사몽간에 주님의 얼굴을 보았습니다. 대한민국의 지도 위에 주님의 얼굴이 있었는데 그 중에 남한의 지도 부분이 주님의 얼굴로 되어 있었으며 주님께서는 크게 한숨을 쉬었습니다. 그 한숨 쉬는 것이 너무 커 입으로 바람을 부는 것으로 착각할 정도였습니다. 참으로 크게 한탄한 것입니다. 그리고 주님의 머리 위에 화살이 정확히 38선, 휴전선 위를 가르듯이 놓여 있었습니다. 그 화살은 서쪽에서 동쪽으로 날아온 것이었습니다. 이 비젼은 하나님께서 한국을 심판한다는 뜻이었습니다. 화살은 진멸하는 것을 뜻합니다.

주님께서 한국의 부산에서 WCC총회를 하면서 다른 신들과 섞여 하나님의 이름을 더럽히고 한국의 땅을 더럽힌 것에 대하여 회개하지 않으면 심판하는 것입니다. WCC행사에서 보여준 가증한 짓들은 대한민국 역사상 가장 하나님의 마음을 아프게 한 사건이며 동시에 가장 진노케한 사건임을 비젼을 본 직후에 깨달았습니다.

WCC는 전세계의 기독교 교단과 교회를 하나의 단체로 만들려는 것인데 그렇게 하는 이유는 다른 종교와 통합을 하기 위한 것입니다. 단순히 기독교만 통합하는 것이 목적이 아닙니다. WCC는 모든 종교에 구원이 있다는 다원주의를 지향하며 그 배후에는 로만 가톨릭이 있습니다. 부산에서 행한 WCC 세계총회에서 모든 종교는 물론 심지어 무당도 함께 어울려 춤을 추고 잔치를 벌였다는 사실이 단순히 기독교만 통합하려는 것이 아닌 것을 증거로 보여준 것입니다. 기독교를 하나의 단체로 통합하려는 것도 비성경적일진대 다른 종교와 함께, 세상의 모든 귀신과 함께하겠다는 WCC는 마지막 때 기독교의 배도를 대표적으로 보여주는 것이며 성경의 데살로니가후서 2장 3절 말씀이 응하는 것입니다.

> "누가 어떻게 하여도 너희가 미혹되지 말라 먼저 배교하는 일이 있고 저 불법의 사람 곧 멸망의 아들이 나타나기 전에는 그 날이 이르지 아니하리니"(살후 2:3).

이 구절에서 불법의 사람, 멸망의 아들은 적그리스도를 뜻합니다. 적그리스도가 나타나기 전에 먼저 배교하는 일이 있을 것이라고 말씀합니다. 여기서의 배교는 소수의 배교를 의미하는 것이 아닙니다. 기독교 전반에 걸친 배교를 뜻하는데 이것이 바로 WCC입니다. 전세계 교회의 삼분의 이 이상이 WCC에 가입하였으며 그 수는 점점 늘어가고 있습니다. 지금 엄청난 배교가 일어나고 있는 것입니다. 그러므로 적그리스도가 나타날 때가 되었다는 것이며 적그리스도가 나타날 때가 되었다는 것은 휴거가 임박했다는 의미입니다. WCC에 가입된 교회를 주님께서 데리고 가지 않을 것입니다.

더욱 안타까운 것은 많은 사람들이 자신의 교회가 WCC에 가입되어 있는지도 모를 뿐더러 WCC라는 것이 있는지도 모릅니다. 목사들이 일부러 말하지도, 이슈로 삼지도 않습니다. 교인이 떠날까 두려운 것입니다. 어떤 목사들은 WCC가 얼마나 악한지 분별도 못합니다. 이러한 목사들은 미혹된 것입니다. 이 목사들은 고라입니다. 이러한 목사의 설교를 계속 듣고 있는 사람들은 죽은 후에나 자신이 고라와 함께 스올에 빠진 것을 알게 될 것입니다. 그러니 여러분은 이제 여러분이 어디에 속해 있는지를 살펴야 합니다. 곧 땅이 갈라지려고 합니다.

이상으로 살펴본 것처럼 마지막 때에 거룩한 주님의 신부로서 들림을 받기 위하여는 스스로도 깨끗해야 하지만 깨끗한 곳에 속해야 합니다. 스스로는 정결하여도 악한 자의 장막 안에 함께 있다면 그 정결함은 아무 소용이 없습니다. 떠나야 할 곳인지 머무를 곳인지를 분별해야 합니다. 이러한 분별이 없다면 고라와 함께 땅속으로 묻힌 자들처럼 될 수밖에 없습니다. 지금까지 드린 말씀을 기준으로 여러분이 속하면 되지 않는 곳에 대하여 다시 정리를 해보겠습니다.

첫째, 여러분이 섬기는 교회가 속한 교단이 WCC에 가입되어 있는지를 확인하십시오. 만약에 가입되어 있다면 즉시 그 교회를 떠나십시오. 그 목사는 거짓 목사입니다.

둘째, 여러분이 섬기는 교회나 교단이 동성애를 인정한다면 그 교회를 즉시 떠나십시오. 그 목사는 거짓 목사입니다.

셋째, 여러분이 한동안 그 교회에서 신앙생활을 하였음에도 믿음이 자라지 않거나 거듭난 경험이 없거나 점점 삶이 거룩해지지 않았다면 그 교회를 떠나십시오. 그 목사는 거짓 목사입니다.

이상의 세 가지 경우를 적용하면 아마도 많은 수의 교인들이 지금 섬기는 교회를 떠나야 할 수도 있습니다. 이것이 한국 교회의 현실입니다. 이것이 마지막 때에 많은 미혹이 있을 것이라는 주님의 예언을 반영하는 것입니다. 미혹은 교회 안에서 시작하며 미혹의 주체는 목사들입니다. 그러나 이러한 배도의 현상이 한편으로 거짓 교회나 목사를 쉽게 구분할 수 있는 지표로 사용될 수 있습니다. 우선 WCC만 적용하여도 70퍼센트는 거르는 것입니다. 그리고 스스로의 신앙이 어떤 상태인지를 모르는 사람은 없을 것입니다. 그러므로 이 두 가지만 적용하여도 쉽게 거짓 목사를 검증할 수 있습니다.

그렇다면 거짓 목사라는 것을 알고 그 곳을 떠난다면 그리스도의 참된 교회, 참된 주의 종은 어떻게 찾을 수 있겠습니까? 그 답은 어렵지 않습니다. 첫째로 거짓 교회, 거짓 목사임을 알았을 때는 지체하지 말고 그 교회를 떠나야합니다. 둘째는 간급함으로 참 교회를 찾게 해달라고 간절히 기도하십시오. 그러면 성령께서 인도합니다. 참된 교회는 맥도날드나 던킨도넛처럼 눈에 쉽게 띄는 곳에 있지 않습니다. 오직 성령님만 찾아줄 수 있습니다. 간절히 사모하며 기도할 때 성령님이 돕습니다. 그 동안에는 가족끼리 또는 뜻이 맞는 사람들과 함께 집에서 예배를 드리십시오.

중요한 것은 거짓 교회를 즉시 떠나야 한다는 것입니다. 거짓 교회를 계속 섬기면서 쇼핑 다니면 찾아지지 않습니다. 또 다른 거짓 교회로 인도될 수도 있습니다. 하나님께서는 악한 자들의 장막에서 우선 속히 떠나는가를 봅니다. 그것을 기뻐합니다. 그것으로 참된 교회로 인도될 수 있는 자격을 봅니다. 이렇게 하여 참된 교회를 찾은 사람들이 있습니다.

주님이 곧 오십니다. 시간을 갖고 천천히 생각할 겨를이 없습니다. 섬기는 교회를 급히 검증하십시오. 그리고 소돔과 고모라를 나오던 롯처럼 서두르십시오. 지체하면 회중 가운데서 망합니다. 언제 휴거가 일어나고 땅이 갈라질지 모릅니다. 악인들의 장막에서 떠나고 아무 곳에도 속하지 마십시오. 그리스도에게만 속하고 그리스도의 교회에만 속하십시오. 그리하여 주님 오시는 날 기쁜 마음으로 공중에서 주의 얼굴을 뵙게 되기를 곧 오실 메시아 그리스도 예수의 이름으로 축원합니다.

"그들에 대한 부르짖음이 여호와 앞에 크므로 여호와께서 이 곳을 멸하시려고 우리를 보내셨나니 우리가 멸하리라" "롯이 나가서 그 딸들과 결혼할 사위들에게 말하여 이르기를 여호와께서 이 성을 멸하실 터이니 너희는 일어나 이 곳에서 떠나라 하되 그의 사위들은 농담으로 여겼더라" "동틀 때에 천사가 롯을 재촉하여 이르되 일어나 여기 있는 네 아내와 두 딸을 이끌어 내라 이 성의 죄악 중에 함께 멸망할까 하노라" "그러나 롯이 지체하매 그 사람들이 롯의 손과 그 아내의 손과 두 딸의 손을 잡아 인도하여 성 밖에 두니 여호와께서 그에게 자비를 더하심이었더라" "그 사람들이 그들을 밖으로 이끌어 낸 후에 이르되 도망하여 생명을 보존하라 돌아보거나 들에 머물지 말고 산으로 도망하여 멸망함을 면하라"

창세기 19:13-17

"롯이 소알에 들어갈 때에 해가 돋았더라" "여호와께서 하늘 곧 여호와께로부터 유황과 불을 소돔과 고모라에 비같이 내리사" "그 성들과 온 들과 성에 거주하는 모든 백성과 땅에 난 것을 다 엎어 멸하셨더라" "롯의 아내는 뒤를 돌아보았으므로 소금 기둥이 되었더라"

창세기 19:23-26

2
지금 소돔에서 나오라

소돔과 고모라의 유황불 심판은 마지막 심판의 예고편입니다. 노아의 홍수 심판보다 더 마지막 심판의 모습을 닮았습니다. 왜냐하면 심판의 도구가 유황불이기 때문입니다. 마지막 때에도 여러 가지의 심판이 있지만 핵심을 이루는 심판은 불의 심판입니다. 요한계시록 9장 18절은 불과 유황과 연기로 지구의 삼분의 일이 죽는다고 예언합니다. 계시록 8장 7절은 땅과 수목의 삼분의 일이 불에 타는 재앙을 보여줍니다. 하나님께서 다시는 물로 심판하지 않겠다고 하였습니다. 그 약속의 표시로 무지개를 보여주었습니다. 그러므로 소돔과 고모라를 불로 심판한 것이며 지구의 마지막 심판도 불의 심판이 될 것입니다.

성경은 죄악과 멸망을 소돔과 고모라에 비유합니다. 성경이 심판과 멸망을 노아의 홍수나 다른 심판보다는 소돔과 고모라를 주로 인용하는 이유는 소돔과 고모라에 대한 심판이 마지막 심판의 모습을 더 닮았기 때문이며 끝날의 타락한 세상의 모습을 더 잘 반영하기 때문입니다. 소돔과 고모라가 이처럼 악한 세대의 대명사로 사용되는 예를 성경에서 찾아보겠습니다. 이사야 13장 19절을 보겠습니다.

> "열국의 영광이요 갈대아 사람의 자랑하는 노리개가 된 바벨론이 하나님께 멸망 당한 소돔과 고모라 같이 되리니" (사 13:19).

이 말씀은 바벨론이 멸망할 것을 소돔과 고모라에 비유합니다. 다음은 예레미야 23장 14절을 보겠습니다.

> "내가 예루살렘 선지자들 가운데도 가증한 일을 보았나니 그들은 간음을 행하며 거짓을 말하며 악을 행하는 자의 손을 강하게 하여 사람으로 그 악에서 돌이킴이 없게 하였은즉 그들은 다 내 앞에서 소돔과 다름이 없고 그 주민은 고모라와 다름이 없느니라" (렘 23:14).

이 구절은 악하고 가증한 일을 하는 사람들을 소돔과 고모라의 주민에 비유합니다. 다음은 예레미야애가 4장 6절을 보겠습니다.

> "전에 소돔이 사람의 손을 대지 아니하였는데도 순식간에 무너지더니 이제는 딸 내 백성의 죄가 소돔의 죄악보다 무겁도다" (애 4:6).

이 말씀은 이스라엘 백성들의 무거운 죄를 소돔의 죄와 비교하고 있습니다. 또한 하나님께서는 보통은 사람을 이용하여 심판하는데 소돔은 그렇게 하지 않았다고 합니다. 소돔은 그 죄악이 너무 중하여 하나님께서 직접 긍휼없이 심판한 것입니다. 이상으로 살펴본 것처럼 소돔과 고모라는 죄의 상징이며 멸망의 대명사로 성경 전체를 통하여 계속적으로 인용되고 있습니다. 다음은 이처럼 멸망을 받은 소돔과 고모라의 죄가 어떻게 악하였는지를 살펴보겠습니다. 창세기 19장 4절, 5절을 보겠습니다.

> "그들이 눕기 전에 그 성 사람 곧 소돔 백성들이 노소를 막론하고 원근에서 다 모여 그 집을 에워싸고" "롯을 부르고 그에게 이르되 오늘 밤에 네게 온 사람들이 어디 있느냐 이끌어 내라 우리가 그들을 상관하리라"(창 19:4-5).

이 구절은 소돔 사람들이 심판하러 온 천사들을 몰라보고 롯의 집에 몰려와 천사들과 상관을 하려는 것입니다. 즉 이 소돔 사람들은 외지에서 온 사람들을 집단 성폭행하려는 것입니다. 그런 짓을 하기 위하여 젊은이와 늙은이를 가리지 않고 모였다고 합니다. 가까이서도 왔고 멀리서도 왔다고 합니다. 그것도 남자들이 남자를 그렇게 하려는 것입니다. 은밀하게 개인적으로 범하는 죄도 아닙니다. 이들은 이렇게 하는 것이 관습이고 일상 생활인 사람들입니다. 즉 동성연애와 외지인 성폭행이 불법도 아닐

뿐더러 문화와 전통이 되어버린 곳이 소돔이었습니다. 그리하여 창세기 13장 13절에는 "소돔 사람은 여호와 앞에 악하며 큰 죄인이었더라"고 적혀있으며 창세기 18장 20절에는 "여호와께서 또 이르시되 소돔과 고모라에 대한 부르짖음이 크고 그 죄악이 심히 무거우니" 라고 말씀하고 있습니다.

다음은 유다서 1장 7절을 보겠습니다.

"소돔과 고모라와 그 이웃 도시들도 그들과 같은 행동으로 음란하며 다른 육체를 따라 가다가 영원한 불의 형벌을 받음으로 거울이 되었느니라" (유 1:7).

이 구절은 그 당시 유황불로 탄 곳이 소돔과 고모라 외에도 더 있었던 것을 암시합니다. 그 도시들의 이름은 스보임과 아드마입니다. 이 두 도시도 소돔과 고모라처럼 음란하여 함께 멸망하였습니다. 여기서 다른 육체를 따라 간다는 것은 동성연애를 의미하는 것입니다. 동성연애는 성적인 음란한 죄 중에도 가장 더러운 것입니다. 소돔과 고모라가 다른 죄들도 있었지만 하나님의 진노를 가장 크게 산 죄는 동성연애입니다. 그러므로 성경도 이들이 영원한 불의 형벌을 받은 이유가 다른 육체를 따라갔기 때문이라고 말씀하는 것입니다. 다음은 에스겔 16장 49절을 보겠습니다.

"네 아우 소돔의 죄악은 이러하니 그와 그의 딸들에게 교만함과 음식물의 풍족함과 태평함이 있음이며 또 그가 가난하고 궁핍한 자를 도와 주지 아니하며"(겔 16:49).

이 구절은 소돔의 음란한 죄 외에 다른 죄들에 대하여 지적하고 있습니다. 그것은 교만과 가난한 자를 돕지 않은 것입니다. 교만이 큰 죄인 것은 성경의 여러 곳에 언급되어 있습니다. 그리고 가난한 자를 돕지 않은 것을 소돔의 또 다른 특별한 죄로 지적합니다. 이 당시 소돔은 음식물이 풍족하고 태평한 세월을 누리고 있었습니다. 이처럼 부유하게 살면서도 가난한 자들을 돕지 않았습니다. 가난한 자를 돕지 않는 것도 하나님께서 매우 중하게 다스리는 죄 중에 하나입니다. 이상으로 소돔의 죄를 다시 정리하면 음란과 동성연애, 교만, 가난한 자를 돕지 않은 것입니다. 하나님께서는 소돔과 고모라의 이러한 죄들로 인하여 그 안에 있는 인간들은 물론 살아있는 모든 것들을 엎어 멸하였습니다.

이 네 가지의 죄는 지금의 세상을 그대로 반영합니다. 특별히 미국과 한국을 포함한 선진국들이 현재 저지르고 있는 핵심 죄들과 일치합니다. 이들은 부유하고 교만하고 음란하고 가난한 자를 돕지 않습니다. 일 년에 이십만 명이 굶어 죽는 아프리카의 소말리아는 교만하지 않습니다. 이들의 삶의 목적은 굶지 않는 것입니다. 이들은 일용할 양식만 있어도 감사하는 사람들입니다. 소돔에서 저지른 죄들은 먹을 것이 풍족하고 태평한 나라들이 짓는 죄입니다. 부유함에도 가난한 자를 돕지 않으며 배부르고 즐길 것을 모두 즐기고도 흡족하지 않아 기괴한 죄를 만들어 짓는 것입니다.

2015년을 기준으로 동성결혼을 합법화한 나라는 25곳입니다. 나라의 수는 12퍼센트이지만 면적으로는 지구 전체의 거의 반에 이릅니다. 즉 지구의 절반이 동성결혼을 국가의 법으로 인정하고 보호합니다. 가장 먼저 동성결혼을 합법화한 나라는 네델란드입니다. 네델란드는 세계에서 가장 부유한 나라 중에 하나입니다. 서유럽의 대분의 나라와 캐나다 미국등 태평하고 부유한 나라들이 먼저 소돔처럼 되어버렸습니다. 한국도 배가 불러 소돔을 따라 잡고 있는데 그것을 교회가 돕고 있습니다. 동성연애를 인정하는 WCC에 가입한 음란한 교단과 목사들이 교회를 소돔으로 만들고 있습니다. 이처럼 지금의 세상이 소돔보다 더 악하여졌고 지금의 교회가 고모라처럼 음란하게 되었는데 어찌 심판이 임박하지 않았다고 하겠습니까?

하나님께서는 이러한 죄악의 도시들을 심판하는 중에도 의로운 자는 먼저 구원하였습니다. 하나님께서 먼저 행하는 것은 구원입니다. 하나님께서 인간을 지은 후에 가장 마음을 두는 것은 인간의 구원입니다. 심판이 아닙니다. 그러므로 유황불 심판을 준비하면서 동시에 롯을 구원한 것입니다. 롯은 의로웠습니다. 홍수 심판 때 온 세상에서 노아만 의로웠던 것 처럼 소돔과 고모라와 이웃의 도시들을 통틀어 롯만 의로웠습니다. 그리하여 하나님께서는 의로운 롯은 먼저 구하고 나머지는 심판한 것입니다. 심판이 임박하므로 소돔을 떠날 것을 권유 받은 사람은 모두 여섯 사람입니다. 롯과 그의 아내와 두 딸과 두 사위입니다. 이 사람들이 유황불이 곧 쏟아질 것이라는 말을 듣고 반응하는 것을 보겠습니다. 우선 롯의 사위들의 경우를 본문 14절 말씀을 통해 보겠습니다.

> "롯이 나가서 그 딸들과 결혼할 사위들에게 말하여 이르기를 여호와께서 이 성을 멸하실 터이니 너희는 일어나 이 곳에서 떠나라 하되 그의 사위들은 농담으로 여겼더라"(창 19:14).

롯의 사위가 될 두 사람은 아마도 롯이 직접 선택한 사람이거나 사위감으로 인정한 사람들일 것입니다. 의롭고 믿음이 있는 롯이 자신의 사위감으로 인정하였다면 보통의 소돔 사람들보다는 깨끗하고 믿음이 있었던 사람들일 것이라고 추정할 수 있습니다. 천사를 폭행하러 온 사람들과는 구별되는 사람들일 것입니다. 그럼에도 이 사람들은 여호와께서 이 성을 곧 멸할 것이라는 장인의 말을 농담으로 여겼습니다.

롯의 사위들은 지금에 비유하면 교회는 다니는 사람입니다. 큰 믿음은 없을지라도 매주 예배에 참석하는 교인입니다. 거듭나지는 않았더라도 예수를 주로 영접을 한 사람입니다. 그러나 하나님의 심판을 모르고 기적을 믿지 않으며 여호와를 두려워하지 않는 사람입니다. 부유하고 평안하게 살면서 복을 받았다고 믿고 사는 그러한 교인입니다. 이러한 사람들은 마지막 때라는 말을 듣지 않습니다. 곧 주님이 올 것이고 칠년 대환난이 시작될 것이라는 이야기를 듣고 싶어하지 않습니다. 그렇게 말하는 사람들을 꺼려합니다. 이러한 사람들이 롯의 사위들입니다. 이들은 휴거를 농담으로 여깁니다. 이천 년 전부터 곧 온다고 했는데 아직 오지 않았다고 웃습니다.

롯의 사위들은 혹시 그 소리가 농담처럼 들리더라도 어른이 하는 말씀이므로 존중하는 마음이라도 있었으면 구원받았을 것입니다. 즉 권위에 순종하지 않은 것이 구원받지 못한 이유가 된 것입니다. 권위의 지나가는 말 한마디에라도 순종하는 사람들이 구원받습니다. 이들은 유황불 심판이 곧 온다는 것에 대한 믿음은 없어도 장인이 하는 말씀이니 들어야 하는 것이 도리라는 생각만 했어도 유황불에 타 죽지 않았을 것입니다.

여기에는 순종에 대한 교훈이 있습니다. 부모나 가르치는 자의 권위에 순종하지 않는 사람은 롯의 사위들처럼 구원받지 못한다는 것입니다. 자신의 생각과 다르더라도 하기 싫더라도 사소한 일 같아도 권위에 순종하는 사람은 하나님께서 순종하는 것 자체를 좋게 여기기 때문에 구원해 줍니다. 이것이 제사보다 나은 순종의 위력입니다. 이처럼 롯의 사위들은 믿음이 부족하여서라기 보다는 불순종해서 구원받지 못한 것입니다.

다음은 롯의 처에 대하여 살펴보겠습니다. 롯의 처가 구원받지 못한 것은 롯의 사위들이 구원받지 못한 것 보다 더 안타까운 사건입니다. 왜냐하면 일단 소돔에서는 빠져나왔으나 결국에는 소금 기둥이 되어버렸기 때문입니다. 롯의 처가 소알까지 가지 못하고 망한 이유는 중간에 뒤를 돌아보았기 때문입니다. 천사가 이들에게 한 말 중에는 도망갈 동안 뒤를 돌아보지 말라는 당부가 있었습니다. 그런데 롯의 아내는 그 말을 듣지 않았습니다. 그 말의 심각성을 몰랐습니다.

뒤를 돌아보지 말라는 당부를 꾸물대지 말고 속히 소돔을 떠나라는 의미 정도로 받았던 것입니다. 그리하여 두고 온 집과 재물에 대한 아쉬운 마음에 뒤를 돌아보았을지 모릅니다. 아니면 함께 나오지 않은 사위가 걱정이 되어서 뒤돌아보았을지도 모릅니다. 아니면 불타는 모습이 궁금하여 뒤를 돌아보았을 수도 있습니다. 그 이유가 무엇인지 성경에는 나와있지 않지만 한 가지 분명한 것은 롯의 처가 죽을 줄 알고도 뒤를 돌아보지는 않았을 것이라는 사실입니다. 롯의 처가 소금 기둥이 된 이유는 천사의 명령을 가볍게 여겼기 때문입니다. 뒤 돌아보지 말라는 하나님의 말씀을 농담으로 여겼기 때문입니다. 설마 하는 생각이 구원을 잃게 한 것입니다.

우리는 여기서도 하나님의 말씀을 얼마나 문자 그대로 정확하게 지키며 행하여야 하는지를 깨닫게 됩니다. 롯의 처는 어느 정도 성실하게 믿음 생활을 하는 교인을 상징합니다. 교회에서 봉사도 하고 전도도 하는 사람입니다. 가난한 자를 불쌍히 여기는 마음이 있어 약간의 구제도 하는 사람입니다. 그러나 자녀의 과외비에 더 많이 지출합니다. 그의 나라와 의를 구하면서 동시에 좋은 집과 좋은 차도 구합니다. 이 사람들은 기도와 말씀생활도 하는 사람입니다. 그러나 자신을 부인하고 자기 십자가를 지고 주를 따르지는 않습니다. 이 사람들은 세상과 천국에 양다리를 걸쳐 놓고 있는 것입니다. 성경 말씀과 세상 논리의 중간에서 타협하며 살아가는 사람입니다. 즉 예수를 믿는다고 하나 계명을 온전히 지키는 사람은 아닙니다. 예수를 주로 고백은 하였으나 거룩하지는 않습니다. 이런 사람들은 보통 자신의 믿음이 구원받을만한 정도라고 확신을 합니다.

롯의 아내도 천사의 손에 이끌려 소돔을 나올 때에는 구원받았다고 생각하였을 것입니다. 구원의 확신을 가졌을 것입니다. 그러나 롯의 처는 중간에 한눈 팔다가 구원을 잃었습니다. 롯의 처의 구원은 소알성에 도달해야 완성되는 것이었습니다. 마찬가지로 구원은 천국에 들어가야 완성되는 것입니다. 그 전에 구원의 확신을 갖는 사람은 롯의 처와 같은 운명이 되는 것입니다. 하나님이 주실 구원을 인간이 어떻게 스스로 확신한다는 것입니까? 그렇게 말하는 것은 스스로 하나님이라고 말하는 것과 같은 것입니다. 이러한 사람들은 거실의 안락한 소파에 앉아 달콤한 것을 먹으며 TV를 시청합니다. 그리고 안전하다 평안하다 구원받았다라고 말합니다. 이런 사람들은 롯의 처입니다. 죄악된 세상을 뒤돌아 본 것으로도 소금 기둥이 된다면 얼마나 두렵고 떨리는 마음으로 힘써 구원을 이루어야 하겠습니까?

 주님께서는 친구를 바보라고 하는 사람은 지옥에 던져진다고 말씀하였습니다. 그러나 사람들은 친구를 바보라고 했다고 설마 지옥 가겠어라고 생각합니다. 십일조하지 않으면 저주를 받는다고 말라기에 기록되어 있습니다. 그러나 사람들은 십일조 온전하게 하지 않았다고 설마 지옥 보내겠어라고 말합니다. 거짓말하는 자는 지옥에 간다고 성경에 쓰여 있습니다. 그러나 사람들은 거짓말 좀 했다고 설마 유황불로 던져지지는 않겠지라고 생각합니다. 이혼하고 새 장가 가는 것은 간음죄라고 주님께서 말씀하였습니다. 그럼에도 사람들은 이혼하고 새 장가 가는 것을 죄라고 여기지 않습니다. 하나님께서 금한 음식을 먹는 것은 하나님 앞에 가증한 것이라고 하였습니다. 그러나 사람들은 하나님께서 금한 음식의 명단을 주님이 십자가에 못박은 것으로 여기며 살아갑니다.

 이러한 모든 죄들이 불타고 있는 고향을 뒤돌아 본 죄보다 작은 죄이겠습니까? 롯의 처가 심판대에 서서 뒤돌아 본 죄가 너무 가혹하다고 말할 수 없듯이 이러한 죄를 지은 어느 누구도 심판대에서 변명할 수 없을 것입니다. 롯의 처는 애굽으로부터 나오기는 하였으나 결국 가나안에 들어가지 못한 이스라엘 백성들의 모습을 반영합니다. 구원의 시작은 좋았으나 구원을 완성하지 못하였습니다. 예수를 주로 영접은 하였으나, 주를 찬양하고 주의 이름으로 기도하고 능력도 행하였으나 죽어서 영혼은 지옥으로 간 것입니다. 롯의 처는 지금의 교회를 거울처럼 반사하고 있습니다.

다음은 롯과 그의 딸들에 대하여 살펴보겠습니다. 롯은 천사들을 알아보았고 그들을 대접하였습니다. 그리고 그들이 명한 말을 그대로 따랐습니다. 조금 꾸물거리기는 하였으나 결국 소돔으로부터 도망나와 구원받았습니다. 사실은 이들도 지체하다가 멸망당할 뻔 하였습니다. 그러나 하나님께서 자비를 베풀어 천사들이 이들의 손을 끌고 급히 나오게 하여 살아남은 것입니다. 여기에는 세 가지 의미가 있습니다.

첫째는 구원이 하나님의 은혜라는 것입니다. 인간이 의롭다 하여도 거기에 하나님의 은혜가 더해지지 않으면 구원받지 못하는 것입니다. 천사가 이들의 손을 끌면서까지 구원하게 한 것은 하나님의 은혜입니다. 천사가 손을 끌지 않았으면 의로운 롯도 구원받지 못하였습니다.

둘째는 의로운 사람도 겨우 구원받는다는 것입니다. 롯과 두 딸은 천사의 손에 끌려 황급히 뛰쳐나옴으로 구원받은 것입니다. 그러므로 롯과 두 딸은 겨우 아슬아슬하게 구원받았지 넉넉하게 구원받은 것이 아닙니다. 그러므로 성경은 의인이 겨우 구원 받으니 악인은 어떻게 되겠냐고 말씀하는 것입니다.

셋째는 하나님은 인간의 구원이 매우 급박한데 당사자인 인간들은 오히려 자신의 구원이 급하지 않습니다. 천사는 서두르는데 이들은 지체하고 있습니다. 아마도 짐을 챙기느라 그랬을 수도 있습니다. 아니면 이웃에게 심판을 알리려고 하다가 지체하였는지도 모릅니다.

그러나 구원은 모든 것의 우선이어야 합니다. 구원은 너무 급하여 짐을 챙길 시간도 이웃을 방문할 시간도 없어야 하는 것입니다. 인간들에게 지옥 불을 피하고 천국으로 가는 일보다 더 중요한 일이 무엇이겠습니까? 여러분의 구원은 여러분 스스로에게도 가장 중요한 일일뿐더러 하나님께도, 그리스도께도 너무 중요한 일입니다. 왜냐하면 여러분이 구원받지 못하면 그리스도께서 십자가에서 흘린 피를 헛되게 하는 것이기 때문입니다.

이상으로 롯과 그 가족의 구원에 대한 말씀을 나누어 보았습니다. 한 가정 안에서도, 한 교회 안에서도 이처럼 구원과 멸망이 공존합니다. 그 날에도 롯의 때처럼 두 사람이 함께 누워 있으나 한 사람은 데려감을 당하고 한 사람은 남겨질 것입니다.

다음은 소돔과 고모라의 심판과 홍수 심판 때의 공통점 한 가지에 대하여 나누어 보겠습니다. 이 두 심판은 성경 역사를 대표하는 심판으로 긍휼 없이 땅 위의 모든 숨쉬는 것이 진멸을 당하였다는 것이 공통점입니다. 그러나 지금 언급하려는 것은 이러한 심판의 성격에 관한 것은 아닙니다. 지금 설명하려는 것은 두 심판의 배경의 공통점에 관한 것입니다. 홍수 심판과 소돔 심판의 이유는 인간들의 죄악이 관영하였기 때문입니다. 그러나 더 구체적인 공통점은 심판받을 당시에 의인 열 명이 없었다는 것입니다.

노아의 홍수 때에는 온 세상에 의인 열 명이 없었고 소돔과 고모라의 유황불 심판 때에는 그 도시들 가운데 의인 열 명이 없었습니다. 이것이 노아의 때와 롯의 때의 공통점입니다. 다시 말하면 세상에 죄악이 많더라도 그 가운데 의인이 웬만큼만 있으면 하나님께서는 세상 전체를 심판하지 않는다는 것입니다. 그러나 그 당시 그 땅에 의인이 너무 없었습니다. 거룩한 사람 열 명이 없었습니다. 그리하여 멸망을 당한 것입니다.

이처럼 의인 부재가 환난과 심판의 이유라면 곧 닥칠 마지막 때의 칠년 대환난도 세상에 의인이 없으므로 시작된다는 것이 논리적인 이유가 되는 것입니다. 하나님께서는 의인 열 명이 소돔과 고모라에 있으면 멸하지 않겠다고 하였습니다. 예루살렘 거리에서 의인 한 명만 찾아도 그 성읍을 용서하겠다고 하였습니다. 주님께서는 인자가 올 때에 믿음을 보겠느냐고 말씀하였습니다. 인자의 임함도 노아의 때와 같을 것이라고 하였습니다. 즉 주님이 오시어 자신의 거룩한 신부를 데려갈 때에도 의인 열 명이 없을 것이라는 것입니다.

뉴저지에, 뉴욕 시에, 워싱톤 디씨에 들림받을 사람 열 명이 없을 것이라는 것입니다. 서울 특별시에, 부산 직할시에, 분당 신도시에 휴거될 사람 열 명이 없을 것이라는 것입니다. 그 날에는 교회 안에도 믿음 있는 자 열 명이 없을 것이라는 것입니다. 수만 명이 모이는 순복음교회에도 명성교회에도 사랑의교회에도 거룩한 자 열 명이 없을 것이라는 것입니다. 그 날에는 참된 주의 종 열 명을 찾을 수가 없을 것이라는 것입니다. 그러므로 세상이 재앙을 맞게 되는 것입니다.

그리스도께서는 이천 년 전에 이미 그 세대가 소돔과 고모라보다 더 악하다고 판정하였습니다. 마태복음 11장 23절을 보겠습니다.

> "가버나움아 네가 하늘에까지 높아지겠느냐 음부에까지 낮아지리라 네게 행한 모든 권능을 소돔에서 행하였더라면 그 성이 오늘까지 있었으리라" (마 11:23).

이 말씀은 예수께서 가버나움에서 여러 가지 권능과 이적을 행하였음에도 그들이 믿지 않음으로 그들의 교만과 악함을 소돔과 비교하여 질책한 것입니다. 이처럼 이미 이천 년 전에 이스라엘도 소돔보다 악하였습니다. 그 후로 다시 이천 년이 지난 지금은 어떻습니까? 지금의 세상이 소돔보다 깨끗해졌습니까? 소돔이 타락하였어도 음란 동영상은 없었습니다. 고모라가 더러웠어도 포르노 영화를 만들지는 않았습니다. 소돔과 고모라도 어린 아이들까지 음란물을 볼 수 있는 세상은 아니었습니다. 소돔도 동성결혼을 연방법으로 만들지는 않았을 것입니다. 소돔이 지금의 세대를 보면서 억울하다고 하나님께 신원하고 있을 것입니다. 이처럼 이 세대가 소돔과 고모라보다 더 악할진대 이 중에 의인 열 명이 있겠습니까? 의인 열 명이 없는데 심판이 미루어지겠습니까?

그렇다면 곧 닥칠 이 악하고 음란한 세대에 대한 심판으로부터 구원을 받으려면 어떻게 해야겠습니까? 본문 말씀 중 창세기 19장 17절을 보겠습니다.

> "그 사람들이 그들을 밖으로 이끌어 낸 후에 이르되 도망하여 생명을 보존하라 돌아보거나 들에 머물지 말고 산으로 도망하여 멸망함을 면하라"(창 19:17).

이 구절은 롯이 구원받기 위하여 행할 세 가지를 말씀합니다. 첫째는 소돔에서 도망하는 것입니다. 둘째는 뒤돌아보지 않는 것입니다. 셋째는 들판에 머무르지 않는 것입니다. 이것이 구원받는 길입니다. 구원받는 것이 어렵지도 복잡하지도 멀리 있지도 않습니다. 세 가지만 바르게 행하면 됩니다. 이 세 가지의 의미를 다시 풀어보겠습니다.

첫째, 소돔에서 도망하라는 것은 악한 곳에서 나오라는 것입니다. 거룩하지 않은 사람들과 함께하지 말라는 것입니다. 본문 말씀 중 창세기 19장 15절을 보겠습니다.

> "동틀 때에 천사가 롯을 재촉하여 이르되 일어나 여기 있는 네 아내와 두 딸을 이끌어 내라 이 성의 죄악 중에 함께 멸망할까 하노라"(창 19:15).

이 구절은 의로운 자도 악인들의 성 안에 거하면 악인들과 함께 멸망한다는 것을 말씀하는 것입니다. 의로운 롯도 소돔 안에 머물러 있었으면 심판을 받았을 것이며 배도의 단체인 WCC에, 장로 교단에, 감리 교단에, 침례 교단에, 성결 교단에, 순복음 교단에 속한 교회 안에 있으면 멸망하는 것입니다. 하나님께서는 롯을 구원할 때 도망가지 않게 하고 유황불 가운데서 롯 혼자만 기적적으로 살아남게 할 수도 있습니다. 그러나 그러한 방법을 쓰지 않았습니다. 하나님께서는 구원받으려면 먼저 죄가 있는 곳에서 나오라고 합니다.

모세를 대적한 고라를 죽일 때에도 죄 없는 사람들에게는 고라가 거주하는 곳에서 먼저 떠나라고 명하였습니다. 이처럼 구원은 그 사람이 어디에 속해 있느냐와 상관이 있는 것입니다. 구원받기 위하여는 우선 소돔에서 떠나야 합니다. 거짓 목사의 교회에서 떠나야 합니다. 신학과 교리로 진리를 혼잡게 하는 교단에서 나와야 합니다. 그러할 때에 하나님의 은혜를 입어 의로운 자도 겨우 구원받는 것입니다. 이것이 롯이 구원받기 위하여 첫째로 해야 했던 것입니다. 롯의 사위는 이 일에 실패하여 구원받지 못하였습니다.

둘째, 소돔으로부터 도망을 할 때에 뒤를 돌아보지 않아야 하는 것은 세상과 완전하게 분리되라는 의미입니다. 세상에는 하나님의 사랑이 없으므로 눈길조차 주지 말라는 것입니다. 주를 믿기로 하였으면 다시 뒤로 돌이키지 말라는 것입니다. 주만 섬기라는 것입니다. 재물을 사랑하지 말라는 것입니다. 믿지 않는 자들과 상관하지 말라는 것입니다. 세상의 유혹을 뒤로하고 천국에만 소망을 두라는 것입니다. 이것이 거룩입니다. 즉 구원받기 위하여는 세상과 구별된 거룩한 삶을 살라는 것입니다. 소돔을 뒤돌아 본 롯의 아내는 천국과 세상을 동시에 소망한 사람입니다. 거룩하지 않았습니다. 그러므로 소알까지 못 이르고 중간에 소금 기둥이 된 것입니다.

셋째, 들판에 머무르지 말라는 것은 구원을 힘써 행하라는 것입니다. 구원을 위하여 게으르지 말라는 것입니다. 구원은 들판에서 한가로이 머무는 것이 아닙니다. 구원은 날마다 스스로를 쳐 복종시키며 이루어 가는 것입니다. 구원은 자기 십자가를 지고 주를 따르는 것이며 계속 행진하고 전진하는 것입니다. 구원은 쉬지 않는 것입니다. 기도와 금식과 말씀이 끊이지 않는 것이 구원입니다. 전도와 구제와 선한 행실을 멈추지 않는 것이 구원입니다. 소돔에서 나왔으므로 안전하다고 여기며 들판에 머무르지 않아야 합니다. 구원은 예수를 주로 영접한 적이 있다고 이루어지는 것이 아닙니다. 계속하여 회개하고 말씀대로 행하고 거룩한 삶을 살아가야 하는 것입니다. 롯은 이렇게 하여 소알성에 도착하였고 구원받은 것입니다. 이상으로 살펴본 세 가지가 하나님께서 소돔과 고모라를 불태우고 남겨 준 구원의 교훈입니다.

이제 소돔과 고모라에 대한 심판보다 더 크고 맹렬한 재앙이 임박하였습니다. 이 심판은 창세 이래 없었던 가장 참혹한 파괴와 살상을 지구에 가져올 것입니다. 온 땅에 부르짖음과 통곡이 있을 것입니다. 온 세상이 순식간에 지옥으로 변할 것입니다. 이것은 인간이 감당할 수 있는 시험이 아닙니다. 이 심판은 홍수 심판이나 소돔의 심판처럼 단번에 죽이는 심판도 아닙니다. 이 심판은 가능한 오랫동안, 가장 큰 고통을 받게 하는 심판입니다. 너무 아파 죽고 싶어도 죽음이 피해가는 형벌입니다. 이러한 환난을 칠 년 동안 어떻게 견디겠습니까?

여러분이 의로운 노아라도, 욥이라도, 다니엘이라도 소돔 안에서는 구원의 여망이 없습니다. 그 성의 죄악 중에 함께 멸망합니다. 그러니 여러분은 이제 롯이 천사의 손에 이끌리어 구원을 받았듯이 성령의 이끌림을 받아야 합니다. 성령의 인도를 받기 위하여는 여러분이 먼저 준비해야 할 것이 있습니다. 그것은 여러분이 지금 소돔 안에 있다는 것을 먼저 깨닫는 것입니다. 천사가 손을 끌어주기를 원한다면 심판이 임박하다는 것을 깨닫고 있어야 합니다.

여러분의 구원이 급하고 절박해야 합니다. 이러한 깨달음이 구원으로 인도하는 것입니다. 이러한 깨달음이 그 날에 공중에서 주의 얼굴은 보되 환난은 보지 않게 할 것입니다. 그러나 여러분이 지금 세상의 소돔, 교회의 소돔 안에 있다는 것을 부인하면, 심판이 임박하다는 감동이 없다면, 여러분과 가족의 구원이 절실하지 않다면 인격적인 성령께서 손을 잡아 인도하지는 않을 것입니다. 롯의 사위들을 기억하십시오.

"그가 찔림은 우리의 허물 때문이요 그가 상함은 우리의 죄악 때문이라 그가 징계를 받으므로 우리는 평화를 누리고 그가 채찍에 맞으므로 우리는 나음을 받았도다" "우리는 다 양 같아서 그릇 행하여 각기 제 길로 갔거늘 여호와께서는 우리 모두의 죄악을 그에게 담당시키셨도다" "그가 곤욕을 당하여 괴로울 때에도 그의 입을 열지 아니하였음이여 마치 도수장으로 끌려 가는 어린 양과 털 깎는 자 앞에서 잠잠한 양 같이 그의 입을 열지 아니하였도다" "그는 곤욕과 심문을 당하고 끌려 갔으나 그 세대 중에 누가 생각하기를 그가 살아 있는 자들의 땅에서 끊어짐은 마땅히 형벌 받을 내 백성의 허물 때문이라 하였으리요"

이사야 53:5-8

배도하는 교단과 교회

3
그리스도를 두 번 못 박는 자들

    그리스도는 안락사하지 않았습니다. 도살장의 양처럼 피흘려 죽었습니다. 조롱과 채찍질과 손발에 못질을 당한채 고통 가운데 죽었습니다. 주께서 십자가에서 죽은 것은 우리의 죄악을 대신 담당함으로 우리를 구원하기 위한 것이었습니다. 허물 있는 우리가 마땅히 벌을 받아 땅에서 끊어져야 하는데 그리스도께서 대신 십자가를 진 것입니다. 예수 그리스도를 주인으로, 구원주로 받아들이고 믿는 사람들은 이러한 그리스도의 죽음의 의미를 깨닫고 있습니다. 본문 말씀은 그리스도께서 오시기 칠백 년 전에 선지자 이사야를 통하여 예언한 것인데 그리스도께서 어떠한 죽음으로 죽을지와 그렇게 죽어야 하는 이유를 설명하고 있습니다.

    이 예언의 말씀은 이천 년 전에 그리스도께서 이 땅에 오시어 모두 성취하였으며 성경에는 이 예언이 성취된 과정을 상세히 보여주고 있습니다. 지금부터는 그리스도의 수난과 죽음에 관한 예언이 어떻게 이루어져 갔는지를 살펴보며 아울러 그리스도께서 죽기 전에도 고난의 과정을 거쳐야만 했던 이유와 그 의미를 상고해 보고자 합니다.

첫째, 주님은 태어나자마자 생명을 위협 받았습니다. 마태복음 2장 13절을 보겠습니다.

"그들이 떠난 후에 주의 사자가 요셉에게 현몽하여 이르되 헤롯이 아기를 찾아 죽이려 하니 일어나 아기와 그의 어머니를 데리고 애굽으로 피하여 내가 네게 이르기까지 거기 있으라 하시니"(마 2:13).

헤롯이 아기 예수를 죽이려고 했습니다. 그리스도는 생명이 주어지는 순간부터 고난이 시작된 것입니다.

둘째, 그리스도께서는 사십 일 동안 금식하였습니다. 마태복음 4장 1절, 2절을 보겠습니다.

"그 때에 예수께서 성령에게 이끌리어 마귀에게 시험을 받으러 광야로 가사" "사십 일을 밤낮으로 금식하신 후에 주리신지라"(마 4:1-2).

사십 일을 굶는다는 것은 고통스러운 일입니다. 그러나 그리스도께서는 목숨을 건 사십일 금식으로 마귀의 시험을 물리치고 사역을 준비하였습니다.

셋째, 예수께서는 생명의 위협을 받으며 사역하였습니다. 누가복음 19장 47절을 보겠습니다.

"예수께서 날마다 성전에서 가르치시니 대제사장들과 서기관들과 백성의 지도자들이 그를 죽이려고 꾀하되"(눅 19:47).

사람들은 예수님을 죽이려고 했습니다. 예수께서는 사역하는 기간 내내 언제 죽을지 모르는 위험을 감수하였습니다

넷째, 예수께서는 사람들에게 배척당하였습니다. 마태복음 13장 57절을 보겠습니다.

"예수를 배척한지라 예수께서 그들에게 말씀하시되 선지자가 자기 고향과 자기 집 외에서는 존경을 받지 않음이 없느니라 하시고"(마 13:57).

예수님은 자신의 집과 고향에서 조차 존경받지 못했으며 배척당하고 조롱당하는 수모를 겪었습니다.

다섯째, 주님은 배불리 먹고 지내지 않았습니다. 마태복음 21장 18절, 19절과 12장 1절을 보겠습니다.

"이른 아침에 성으로 들어오실 때에 시장하신지라" "길 가에서 한 무

I. 배도하는 교단과 교회

화과나무를 보시고 그리로 가사 잎사귀 밖에 아무 것도 찾지 못하시고 나무에게 이르시되 이제부터 영원토록 네가 열매를 맺지 못하리라 하시니 무화과나무가 곧 마른지라"(마 21:18-19).
"그 때에 예수께서 안식일에 밀밭 사이로 가실새 제자들이 시장하여 이삭을 잘라 먹으니"(마 12:1).

그리스도께서는 무화과 열매와 이삭을 잘라 먹으며 배를 채우려 했습니다. 주님은 좋은 것을 받아 누리지 않았습니다.

여섯째, 주님은 일정한 거처가 없었습니다. 마태복음 8장 20절을 보겠습니다.

"예수께서 이르시되 여우도 굴이 있고 공중의 새도 거처가 있으되 인자는 머리 둘 곳이 없다 하시더라"(마 8:20).

예수께서는 산에서 바위를 베게 삼아 주무셨습니다. 죄인의 집에 병든 자의 집에 유하였습니다. 예수님은 편안한 삶을 거부하였습니다.

일곱째, 그리스도께서는 소유한 재산이 없었습니다. 마태복음 19장 21절을 보겠습니다.

"예수께서 이르시되 네가 온전하고자 할진대 가서 네 소유를 팔아 가난한 자들에게 주라 그리하면 하늘에서 보화가 네게 있으리라 그리고 와서 나를 따르라 하시니"(마 19:21).

주님은 자신이 재산을 갖지 않음므로 소유를 모두 팔아 가난한 자에게 주고 자신을 따르라고 가르친 것입니다. 주님은 소유를 갖지도 않았고 누리지도 않았습니다.

이상으로 살펴본 그리스도의 삶을 다시 정리하면 날 때부터 생명의 위협을 받아 도망하였고 사역을 시작할 때에도 목숨을 건 사십일 금식을 하였습니다. 사역을 하면서도 목숨의 위협을 받았습니다. 사람들로부터 배척당하였습니다. 먹을 것이 풍족하지도 않았으며 거처할 집도 없이 아무것도 소유하지 않은 삶을 살았습니다. 주님께서는 이처럼 철저하게 자신을 부인하고 무소유와 절제의 삶을 살았습니다.

지금까지는 주님의 삶의 모습을 살펴보았다면 이제는 주님께서 십자가에 못 박혀 죽게 되는 과정을 살펴보겠습니다.

첫째, 그리스도께서는 자신의 제자로부터 배반당하여 죽게되었습니다. 마태복음 26장 24절, 25절을 보겠습니다.

"인자는 자기에 대하여 기록된 대로 가거니와 인자를 파는 그 사람에게는 화가 있으리로다 그 사람은 차라리 태어나지 아니하였더라면 제게 좋을 뻔하였느니라" "예수를 파는 유다가 대답하여 이르되 랍비여 나는 아니지요 대답하시되 네가 말하였도다 하시니라"(마 26:24-25).

다른 사람도 아닌 삼 년 넘게 가르침을 받은 제자가 스승인 예수를 돈 받고 판 것입니다. 가장 믿었던 사람에게 배반을 당한 것입니다. 이것은 주님께 커다란 마음의 고통이었을 것입니다.

둘째, 예수께서는 강도처럼 취급 당하며 끌려갔습니다. 마태복음 26장 55절을 보겠습니다.

"그 때에 예수께서 무리에게 말씀하시되 너희가 강도를 잡는 것 같이 칼과 몽치를 가지고 나를 잡으러 나왔느냐 내가 날마다 성전에 앉아 가르쳤으되 너희가 나를 잡지 아니하였도다"(마 26:55).

예수님을 칼과 몽둥이로 잡으러 온 것은 예수님께 큰 수치를 준 것입니다.

셋째, 예수께서는 제자들에게도 버림을 당하였습니다. 마태복음 26장 56절과 72절을 보겠습니다.

"그러나 이렇게 된 것은 다 선지자들의 글을 이루려 함이니라 하시더라 이에 제자들이 다 예수를 버리고 도망하니라"(마 26:56).
"베드로가 맹세하고 또 부인하여 이르되 나는 그 사람을 알지 못하노라 하더라"(마 26:72).

예수께서 잡히자 제자들은 모두 도망하였고 예수를 부인하였습니다. 주님은 뭇 사람들에게도 제자들에게도 버려졌습니다.

넷째, 예수께서는 하나님의 말씀을 맡은 자들에게 고발을 당하였습니다. 마태복음 27장 12절을 보셨습니다.

> "대제사장들과 장로들에게 고발을 당하되 아무 대답도 아니하시는지라"(마 27:12).

대제사장과 장로는 하나님의 말씀을 가르치는 자들입니다. 이들이 하나님의 아들을 고발한 것입니다. 이것은 하나님의 아들인 예수님을 부끄럽게 한 것입니다.

다섯째, 그리스도는 사람들에게 희롱을 당하였습니다. 누가복음 23장 11절과 마가복음 15장 29절에서 31절을 보겠습니다.

> "헤롯이 그 군인들과 함께 예수를 업신여기며 희롱하고 빛난 옷을 입혀 빌라도에게 도로 보내니"(눅 23:11).
> "지나가는 자들은 자기 머리를 흔들며 예수를 모욕하여 이르되 아하 성전을 헐고 사흘에 짓는다는 자여" "네가 너를 구원하여 십자가에서 내려오라 하고" "그와 같이 대제사장들도 서기관들과 함께 희롱하며 서로 말하되 그가 남은 구원하였으되 자기는 구원할 수 없도다"(막 15:29-31).

예수께서는 헤롯 왕에게 희롱을 당하고 군인들에게도 희롱을 당하였습니다. 예수께서는 지나가는 사람들에게도 모욕을 당하였고 대제사장들과 서기관들에게도 희롱을 당하였습니다. 세상의 왕이 만왕의 왕을 조롱하고 하나님을 섬기는 직분을 가진 자들이 하나님의 아들을 모욕한 것입니다. 심지어는 함께 십자가에 달린 강도들까지도 주님을 욕하였습니다. 마태복음 27장 44절을 보겠습니다.

"함께 십자가에 못 박힌 강도들도 이와 같이 욕하더라" (마 27:44).

이처럼 주님께서는 많은 사람들로부터 수치와 모욕을 당하였습니다.
여섯째, 예수께서는 채찍질 당하였습니다. 마태복음 27장 26절을 보겠습니다.

"이에 바라바는 그들에게 놓아 주고 예수는 채찍질하고 십자가에 못 박히게 넘겨 주니라" (마 27:26).

이 당시에 죄인을 때리는 채찍 끝에는 맞는 사람의 고통을 더하도록 쇠덩어리나 조개 껍질을 붙여 놓았습니다. 그러므로 이러한 채찍에 맞으면 살점이 떨어져 나가는 심한 고통을 당하는 것입니다. 우리 주 예수 그리스도께서는 이러한 고통의 채찍질을 당하였습니다.
일곱째, 예수께서는 가시관을 썼습니다. 마태복음 27장 29절을 보겠습니다.

"가시관을 엮어 그 머리에 씌우고 갈대를 그 오른손에 들리고 그 앞에서 무릎을 꿇고 희롱하여 이르되 유대인의 왕이여 평안할지어다 하며"(마 27:29).

작은 가시 하나가 손에 찔려도 아픕니다. 그런데 주님께서는 가시나무를 엮어서 만든 관을 머리에 썼습니다. 그 고통을 상상할 수 있을 것입니다. 우리 주 예수 그리스도는 이렇게 수많은 가시에 머리가 찔리는 고통을 당하였습니다.

여덟째, 예수께서는 침뱉음을 당하였습니다. 마태복음 27장 30절을 보겠습니다.

"그에게 침 뱉고 갈대를 빼앗아 그의 머리를 치더라"(마 27:30).

다른 사람의 침은 더러운 것이며 사람에게 침을 뱉는 것은 심한 모욕을 주는 행위입니다. 보통의 사람들도 살면서 이러한 모욕을 받는 일은 거의 없습니다. 그러나 우리 주님께서는 이러한 모욕을 당하였습니다.

아홉째, 예수께서는 십자가에 못 박혔습니다. 마태복음 27장 35절을 보겠습니다.

"그들이 예수를 십자가에 못 박은 후에 그 옷을 제비 뽑아 나누고"(마 27:35).

대못이 손과 발에 박히는 것과 그것 때문에 받는 고통에 대하여는 상상을 할 수가 없습니다. 몸이 선채로 십자가에 박히면 자신의 체중을 박힌 못 네 개로 지탱하여야 하는데 그 고통이 얼마나 크겠습니까? 그리스도께서는 그렇게 못 박힌채 나무에 달리어 죽었습니다.

이상으로 살펴본 주님께서 십자가에 못 박혀 죽기까지 당한 고초와 수난을 다시 정리하면 주님께서는 제자로부터 배반 당하고 팔렸습니다. 강도 취급을 받았고 침뱉음을 당하였습니다. 사람들로부터 희롱과 모욕을 당하였습니다. 납덩어리가 달린 채찍으로 맞고 가시가 돋힌 관으로 머리가 찔렸습니다. 손과 발에 큰 못이 박힌채 십자가에서 피와 물을 모두 쏟고 죽었습니다. 죄 없는 하나님의 어린 양 그리스도는 이렇게 죽었습니다. 죄 있는 우리가 마땅히 곤욕을 당하고 죽어야 하는데 그리스도께서 대신 우리의 죄를 담당하고 고통 가운데 죽은 것입니다.

믿는 우리는 그리스도께서 죽은 이유를 분명하게 알고 있습니다. 지금까지 살펴본 것처럼 우리는 그리스도께서 우리의 죄를 사하려고 대신 죽은 것을 잘 알고 있습니다. 그러므로 그리스도를 주인과 구세주로 믿음으로 구원받는다는 것도 알고있습니다. 그러나 믿는 자들 중에도 그리스도께서 죽은 또 다른 이유가 있다는 것을 아는 사람은 그리 많지 않은 것 같습니다. 성경은 그리스도께서 우리의 죄를 대속하기 위하여 죽은 이유 외에 또 다른 이유를 말씀하고 있습니다. 고린도후서 5장 15절을 보겠습니다.

> "그가 모든 사람을 대신하여 죽으심은 살아있는 자들로 하여금 다시는 그들 자신을 위하여 살지 않고 오직 그들을 대신하여 죽었다가 다시 살아나신 이를 위하여 살게 하려 함이라"(고후 5:15).

이 구절은 그리스도께서 인간을 위하여 죽은 이유를 다르게 표현하고 있습니다. 우리가 더 이상 우리 자신을 위하여 살지 않고 그리스도를 위하여 살게 하기 위하여 그리스도께서 죽었다고 말씀합니다. 이 구절은 생소하게 느껴지는 사람들이 많을 것입니다. 왜냐하면 많은 사람들이 그리스도의 죽음과 관련하여는 처음에 설명한 대속의 죽음만을 기억하기 때문입니다. 이 구절은 그리스도가 우리를 위하여 죽었으므로 우리도 무엇인가를 해야 한다는 것을 말씀합니다. 이 말씀은 그리스도께서 우리의 죄를 위하여 죽었으므로 그에 따른 혜택만 누리고 있어서는 안된다는 것입니다. 이 말씀은 주께서 모든 죄를 담당하였으므로 우리는 가만히 있어도 된다고 가르치는 것이 아닙니다.

그리스도께서 우리 죄의 빚 증서를 십자가에 못 박은 것은 사실이지만 그렇게 한 이유가 있다는 것입니다. 그것은 우리가 더 이상 자신을 위하여 살지 않게 하려는 것입니다. 이제는 우리가 그리스도만을 위하여 살도록 하기 위하여 그리스도께서 죽었다는 것입니다. 즉 이 말씀은 우리가 그리스도를 위하여 살지 않는다면 그리스도의 죽음을 소용없게 한다는 의미입니다. 이것은 마치 우리가 구원받지 못하면 예수의 죽음이 소용없게 되는 것과 같은 원리입니다. 그러므로 예수의 핏값을 헛되게 하지 않으려면 반드시 그리스도를 위하여 살아야 한다는 뜻입니다. 그것이 주님께서 죽은 이유라는 것입니다.

그렇다면 그리스도를 위하여 산다는 의미가 무엇이겠습니까? 그리스도를 위하여 큰 예배당을 짓는 것입니까? 주의 이름으로 귀신을 쫓아내고 권능을 행하는 것입니까? 주의 이름으로 선지자 노릇, 목사 노릇 하는 것입니까? 그리스도를 위하여 살라는 것은 그리스도의 고난에 동참하라는 것입니다. 그리스도의 복음을 위하여 채찍에 맞으라는 것이며 그리스도의 영광을 위하여 가시에 찔리라는 것입니다. 이러한 길을 두려워하지 말고 걸어가라는 것입니다. 갈라디아서 2장 20절을 보겠습니다.

> "내가 그리스도와 함께 십자가에 못 박혔나니 그런즉 이제는 내가 사는 것이 아니요 오직 내 안에 그리스도께서 사는 것이라…" (갈 2:20).

그리스도를 위하여 사는 것은 궁극적으로 그리스도와 함께 십자가에 못 박히는 것입니다. 내가 죽는 것이 그리스도를 위하여 사는 것입니다. 그리스도를 위하여 죽기로 각오하는 것, 죽기로 작정하는 것, 더 나아가서 이미 죽어 버린 것이 그리스도를 위하여 사는 것입니다. 그렇게 하라고 그리스도께서 우리를 위하여 죽었다는 것입니다.

지금까지는 그리스도께서 죽은 이유 두 가지에 대하여 나누었습니다. 하나는 우리의 죄를 대속하기 위함이고 다른 하나는 우리가 더 이상 우리 자신을 위하여 살지 않고 그리스도를 위하여 살게 하기 위한 것입니다. 지금부터는 그리스도께서 고난을 받은 이유와 그 의미에 대하여 나누어 보겠습니다.

본문 5절 말씀은 우리의 질병을 치료하기 위하여 채찍에 맞았고 우리가 평화를 누리기 위하여 징계를 받았다고 합니다. 건강하고 평강한 삶을 살도록 하기 위하여 즉 우리의 삶 가운데에서도 구원받게 하기 위하여 고난을 받았다고 말씀합니다. 우리 믿는 사람들은 이러한 사실에 대하여 알고 믿습니다. 그리고 주께서 평안과 건강을 줄 때 감사한 마음을 갖습니다. 그러나 그리스도께서 고난을 받은 이유가 우리의 삶을 평강케 하기 위한 것 외에 또 다른 이유가 있다는 것을 성경은 말씀하고 있습니다. 베드로전서 2장 21절을 보겠습니다.

"이를 위하여 너희가 부르심을 받았으니 그리스도도 너희를 위하여 고난을 받으사 너희에게 본을 끼쳐 그 자취를 따라오게 하려 하셨느니라" (벧전 2:21).

이 구절의 말씀은 그리스도께서 고난을 받은 것이 우리도 본을 받기 위한 것이라고 말씀합니다. 그리스도께서 고난을 받은 이유가 그리스도의 삶을 그대로 따라오게 하기 위한 것이라고 말씀합니다. 이 구절은 내가 고난을 받았으니 너희에게는 고난이 없을 것이라고 말씀하지 않습니다. 내가 고난을 받았으므로 너희의 고난은 모두 십자가에 못 박았다고 말씀하지 않습니다. 고난은 모두 나에게 맡기고 편안하고 부유한 삶을 누리라고 말씀하지 않습니다. 이 구절은 내가 수난을 당하였으니 너희도 나와 함께 수난에 동참하라고 말씀하는 것입니다. 주님의 발자취, 골고다 언덕을 오른 주님의 발자국을 따라 오라는 것입니다. 이것이 그리스도께서 고난을 받은 이유라고 말씀합니다.

누가복음 16장 25절을 보겠습니다.

"아브라함이 이르되 얘 너는 살았을 때에 좋은 것을 받았고 나사로는 고난을 받았으니 이것을 기억하라 이제 그는 여기서 위로를 받고 너는 괴로움을 받느니라" (눅 16:25).

이 구절에서 말씀하는 부자가 지옥에 간 이유를 보면 충격적입니다. 이 부자가 지옥을 간 이유는 특별히 어떤 악을 행하였거나 믿음이 없어서라고 말씀하지 않습니다. 여기서 말씀하는 부자가 지옥에 간 이유는 살았을 때 좋은 것을 받았기 때문이라고 합니다. 또한 거지 나사로가 천국에 간 이유도 놀랍습니다. 거지 나사로가 천국을 간 이유는 그가 믿음이 좋았다거나 의로웠기 때문이라고 말씀하지 않습니다. 살아서 고난을 받았기 때문이라고 합니다. 참으로 놀랄만한 진리가 이 말씀 가운데에 숨겨져 있습니다. 그리스도께서 고난의 삶을 산 것이 무엇을 의미하는 지를 부자와 거지 나사로의 이야기에서 유추할 수 있다면 여러분은 들을 귀가 있는 것입니다.

이상으로 살펴본 것처럼 그리스도께서는 넓은 길로 가지 않았습니다. 좁은 길 좁은 문으로 다녔습니다. 그리고 그 길을 따라 오라고 하였습니다. 왜냐하면 그 길이 구원으로 인도 받는 길이기 때문입니다. 넓은 길은 멸망으로 인도합니다. 많은 사람들이 넓은 길을 갑니다. 많은 사람들이 편하고 안전한 좋은 길을 걸어 갑니다. 그러나 주님은 거기에 없습니다. 그 길에서는 주를 볼 수 없습니다.

그리스도의 고난과 죽음은 한 번으로 완성하였습니다. 그리스도의 십자가는 한 번으로 충분합니다. 예수의 피는 한 번으로 모두를 구원합니다. 그럼에도 지금의 많은 교회들은 주님을 한 번 더 갈보리 언덕으로 내몰고 있습니다. 그러나 주님께서는 두 번 십자가에 매달릴 수가 없습니다. 하나님의 우편에 앉아 계신 그리스도는 손과 발에 아직도 못 자국이 있습니다. 허리에 찔린 자국이 남아 있습니다. 그러므로 주님은 더 이상 흠이 없는 어린 양으로 다시 십자가에 못 박힐 수가 없습니다. 자격이 되지 않는 것입니다. 그러나 지금의 많은 교회들은 예수의 십자가는 한 번으로 부족하다는 것입니다.

그들은 번영 복음, 돈 복음, 세상 복음으로 그리스도에게 다시 못질을 하고 있습니다. 그들은 교단 복음으로, 장로교 복음, 감리교 복음, 침례교 복음, 성결교 복음으로 그리스도를 다시 십자가에 매달고 있습니다. 그들은 대체신학 복음, 자유신학 복음, 동성연애 복음, WCC 복음으로 그리스도를 두 번 죽이고 있습니다. 이러한 복음을 전하는 교단들과 목사들이 마지막 때의 미혹이고 적그리스도이고 교인을 지옥으로 끌고가는 바리새인이고 그리스도를 십자가에 못 박은 제사장들이고 장로들입니다. 이들은 그리스도를 위하여 아무 것도 하지 않으려는 자들입니다. 자신들은 고난받기 원하지 않습니다. 자신들은 죽기를 원하지 않습니다. 이들은 구원받기 위하여 그리스도만 계속 죽이려는 자들입니다.

여러분은 그리스도를 다시 못 박고 있지 않습니까? 여러분은 더 이상 자신을 위하지 않고 그리스도를 위하여 살고 있습니까? 소유를 모두 가난한 자에게 주고 주를 따르고 있습니까? 복음을 전함으로 핍박을 당하고 있습니까? 거룩하게 살므로 사람들이 꺼려합니까? 여러분은 좁은 길로 가고 있습니까? 그리스도의 고난에 동참하고 있습니까?

메시아가 곧 옵니다. 주님께서 살아서 나를 믿는 자는 영원히 죽지 않을 것이라고 한 말씀이 지금 여러분의 귀에 응하였습니다. 왜냐하면 여러분은 살아서 주를 볼 수 있는 세대에 있기 때문입니다. 지금의 세상은 노아의 때와 동일합니다. 지금 세계는 멸망 직전의 소돔과 고모라입니다. 그 날에 많은 사람들이 남겨져 애곡을 할 것입니다. 적은 수의 교회만 휴거에 들어가고 수많은 교회들이 남겨질 것입니다. 여러분은 어떤 교회이어야 하겠습니까? 휴거하는 교회는 거룩한 교회, 의로운 교회, 회개한 교회, 금식하는 교회, 날마다 내몸을 쳐 복종하는 교회, 자아를 부인하는 교회, 소유를 갖지 않은 교회, 자기 십자가를 지는 교회입니다. 휴거하는 교회는 그리스도의 고난에 참여하는 교회입니다.

Pastors who will go to hell

II
미혹하는 목사

4. 세상 끝의 징조
5. 인터넷으로 미혹하는 귀신들
6. 성경을 억지로 풀다 멸망하는 목사들
7. 안식일을 바르게 지키고 가르치라
8. 거룩한 섭생

"예수께서 감람 산 위에 앉으셨을 때에 제자들이 조용히 와서 이르되 우리에게 이르소서 어느 때에 이런 일이 있겠사오며 또 주의 임하심과 세상 끝에는 무슨 징조가 있사오리이까" "예수께서 대답하여 이르시되 너희가 사람의 미혹을 받지 않도록 주의하라" "많은 사람이 내 이름으로 와서 이르되 나는 그리스도라 하여 많은 사람을 미혹하리라" "난리와 난리 소문을 듣겠으나 너희는 삼가 두려워하지 말라 이런 일이 있어야 하되 아직 끝은 아니니라" "민족이 민족을, 나라가 나라를 대적하여 일어나겠고 곳곳에 기근과 지진이 있으리니" "이 모든 것은 재난의 시작이니라" "그 때에 사람들이 너희를 환난에 넘겨 주겠으며 너희를 죽이리니 너희가 내 이름 때문에 모든 민족에게 미움을 받으리라"

마태복음 24:3-9

4
세상 끝의 징조

믿는 자를 미혹하는 사람은 목사들입니다. 교인을 미혹하는 사람은 의사나 변호사가 아닙니다. 교인을 미혹하는 사람은 신학교를 졸업한 사람들입니다. 크리스천들을 미혹하는 자는 불교의 승려나 무슬림이 아닙니다. 크리스천을 미혹하는 사람들은 크리스천들이며 그것도 목사들이 주로 그 일을 합니다. 그러나 이들 목사와 교인들 스스로는 진리를 가르치고 배운다고 생각합니다. 미혹이 무서운 것은 이처럼 미혹하는 사람도 미혹 당하는 사람도 그것이 미혹인지 모른다는 것입니다.

세상에는 거짓 사도, 거짓 선지자, 거짓 목사가 참으로 많이 나와 있습니다. 내가 신앙 생활을 하며 겪은 많은 목사들도 미혹되었고 거짓 목사였습니다. 그들은 한 번 예수 영접하여 구원 받으면 영원히 구원 받은 것이라고 가르쳤습니다. 부자로 누리며 사는 것이 복 받은 것이라고 가르쳤습니다. 마지막 때이므로 제발 깨어 있으라고 간절히 설교하는 것을 들은 기억이 거의 없습니다. 이러한 것이 잘못된 가르침이라는 것을 늦게 성경 말씀을 통해 깨달았습니다. 나는 이렇게 미혹되어 지옥 갈 뻔했다가 살아난 경험이 있습니다. 지금은 이와 같은 세상 복음, 번영 복음, 거짓 복음이 교회를 완전히 장악해 가고 있습니다.

본문 말씀은 제자들이 예수님께 마지막 때의 징조에 대해 질문을 하자 예수께서 설명한 것입니다. 예수께서 마지막 때의 징조 중에 가장 먼저 언급한 것이 미혹 받지 말라는 당부입니다. 마지막 때의 가장 첫째 징조가 미혹하는 목사들이 많다는 것입니다. 교인들이 거짓 목사를 구분하지 못하고 미혹을 받는 이유는 첫째로 거짓 목사들이 양의 탈을 쓰고 있기 때문입니다. 그들도 성경을 들고 설교를 합니다. 사탄도 예수를 시험할 때 성경 구절을 인용한 것처럼 그들도 성경의 말씀을 인용하고 가르치며 미혹합니다. 그러므로 대부분이 속는 것입니다.

둘째로 교인들이 거짓 목사를 구분하지 못하는 것은 그 교인의 삶이 거룩하지 못하기 때문입니다. 스스로 거룩하지 않으면 거룩하지 않은 목사에게로 인도되는 것이 영적인 원리입니다. 이러한 사람들은 거짓 목사의 설교가 귀에 즐겁습니다. 예수를 믿으면 부유하게 되고 편안한 삶을 살고 좋은 일만 있고 안전하고 평화로울 것이라고 말하는 설교를 좋아합니다. 그러나 이러한 내용은 성경이 가르치는 것과 다릅니다. 성경은 자기를 부인하고 자기 십자가를 지고 예수를 따르라고 가르칩니다. 성경은 소유를 모두 팔아 가난한 자에게 주고 예수를 따르라고 가르칩니다. 성경에는 예수를 믿음으로 가족과 원수가 되고 환난을 당하게 된다고 쓰여있습니다. 그러나 미혹된 사람들은 이러한 설교를 듣기 싫어하며 귀에 즐거운 소리를 쫒아 다닙니다. 그래서 성경은 이러한 사람들을 미혹되게 버려둔다고 말합니다.

데살로니가후서 2장 11절, 12절을 보겠습니다.

"이러므로 하나님이 미혹의 역사를 그들에게 보내사 거짓 것을 믿게 하심은" "진리를 믿지 않고 불의를 좋아하는 모든 자들로 하여금 심판을 받게 하려 하심이라" (살후 2:11-12).

이 말씀은 진리를 깨닫지 못하는 교인들은 어느 시점에는 하나님께서 심판하려고 속게 만든다는 뜻입니다. 무서운 말씀입니다. 그러므로 심판 받지 않으려면 스스로 미혹되었는지를 살피고 항상 진리 안에 거하며 의롭고 거룩한 삶을 살아야 합니다. 기도하며 깨어있어야 합니다. 마지막 때는 엄청난 영적 전쟁의 때입니다. 사탄도 자기의 때가 찬 줄 알고 한 사람이라도 더 지옥으로 끌고 가려고 발악을 할 때입니다. 마귀가 믿는 자들을 끌고 가는 방법은 미혹밖에 없습니다. 그러므로 예수께서 미혹을 받지 말라고 가장 먼저 말씀한 것이고 가장 먼저 언급한 것은 가장 중요하다는 뜻이기도 합니다.

지금부터는 두 사람의 대표적인 목사들에 대하여 조명해 봄으로써 현대의 교회에 미혹이 만연해 있음을 증명하고자 합니다. 한 사람은 미국의 가장 큰 교회의 목사이며 다른 한 사람은 대한민국의 가장 큰 교회의 목사입니다. 먼저 미국 사람에 대하여 말하겠습니다. 이 사람의 이름은 조엘 오스틴인데 미국 텍사스의 레이크우드 교회의 목사입니다. 이 사람은 성경을 긍정적인 사고 방식으로 푸는 사람입니다. 예를 들어 좋은 집을 갖고 싶으면 그 집을 구체적으로 상상하거나 실제 그 집 앞에 가서 이 집이 내 것이 될 것이라고 긍정적으로 생각하면 언젠가 자기의 집이 되는데 그것이 기도의 응답이라는 것입니다. 이것은 참으로 위험한 가르침입니다. 첫째, 좋은 집을 구하는 것부터가 성경적이지 않습니다. 성경은 좋은 집을 팔아 가난한 자를 도우라고 가르칩니다. 둘째, 좋은 집을 갖기를 원하는 탐심을 품고 계속 긍정적인 생각을 하는 것은 귀신에게 접속하는 것입니다.

이 목사는 심리학과 최면술을 종합한 마귀의 역사를 가르치는 것입니다. 이 사람은 잘 먹고 잘 사는 방법에 예수 그리스도를 접목시켜 사람들의 귀를 즐겁게 합니다. 그는 설교를 항상 농담으로 시작하며 그의 메시지에는 회개도 갈보리 십자가도 예수의 피도 없습니다. 그의 설교는 세상 복음, 번영 복음, 미혹의 복음입니다. 이것은 사탄이 복음으로 가장하여 교회에 들어온 것입니다. 사만 오천 명의 교인과 TV를 보며 그의 설교를 듣는 수백만 명의 사람들도 미혹되어 있습니다. 그 곳에서 거두어 들이는 헌금이 일 년에 팔백억 원입니다. 자신의 영혼이 미혹되어 그 결국이 어찌 될지도 모르는채 주님이 순 물질을 사탄의 회에 갖다 바치고 있는 것입니다. 이 처럼 미국의 가장 큰 교회가 미혹되어 있다는 것은 미국의 교회 안에 미혹이 만연되어 있다는 것을 증거하는 것입니다.

다음은 한국 사람에 대해 말하겠습니다. 이사람은 1970년대에 한국을 대표하는 목사가 되었습니다. 이 사람은 이미 1980년을 전후하여 그 당시 집 한채 값보다 비싼 벤츠 자동차를 타고 다니며 예수 잘 믿으면 부자 된다는 소위 번영 복음, 돈 복음을 온 대한민국에 뿌리고 다녔습니다. 이 사람의 이름은 조용기입니다. 이 사람이 영적으로 타락한 것은 사십 년이 넘었습니다. 한때 불교 신자였던 이 사람은 불교에도 구원이 있다고 말하고 긍정적인 사고나 사차원의 이야기를 하고 다니며 사람들을 미혹하고 있습니다.

이 사람은 가난한 사람의 연보로 큰 부자가 되었습니다. 그리하여 교인들에게도 부자가 되어 누리며 살라고 설교합니다. 그러나 성경은 부자는 하늘 나라에 들어가기가 매우 어렵다고 말합니다. 성경은 소유를 모두 팔아 가난한 자를 도우라고 가르칩니다. 그러나 아직도 수십만 명의 교인들이 부자 되는 복을 받기를 소망하며 그의 설교를 듣고 있습니다.

이 사람은 대한민국 교회의 타락을 주도한 목사입니다. 슬프게도 이 거짓 목사의 교회가 대한민국의 가장 큰 교회 중의 하나이며 대표적인 교회입니다. 이러한 사실은 한국 교회 안에 미혹이 만연하고 거짓 목사가 범람하고 있다는 것을 상징적으로 보여 주는 것입니다. 미국과 한국의 대표적인 두 목사의 패역함에 대해 말한 것은 그들의 죄를 지적하려는 것이 목적은 아닙니다. 물론 그들이 여호와 앞에 범죄한 것은 사실이지만 그들의 거짓된 삶과 가르침을 드러내어 알리는 목적은 교회에 미혹이 창궐하고 있음을 실감있게 전하기 위한 것이며 지금이 마지막 때가 분명한 것을 증거하기 위한 것입니다.

예수님께서 두 번째로 언급한 세상 끝의 징조는 난리와 난리에 대한 소문입니다. 이것은 전쟁과 테러를 의미합니다. 최근 들어 이러한 일들이 유난히 많이 벌어지고 있는 것을 매스컴을 통해 듣습니다. 시리아와 이라크, 리비아, 수단, 소말리아 등은 내전으로 인해 많은 사람들이 살상을 당하고 있으며 수백만 명의 난민이 발생하고 있습니다. 2차대전 이후 가장 많은 살생과 난민이 발생하고 있습니다. 무슬림 무장단체인 아이시스는 기독교인과 유대인들을 죽이는 것을 목적으로 세계 여러 곳에서 전쟁과 테러를 일으키고 있습니다. 이란과 이스라엘의 전쟁 소문이 있으며 남북한의 전쟁 소문도 있습니다. 미국과 러시아의 3차대전 소문도 그럴듯한 근거를 가지고 퍼지고 있습니다. 이러한 모든 것들은 주님께서 예언한 마지막 때의 징조들이 응하는 것입니다.

세 번째는 마지막 때에는 곳곳에 기근이 있을 것이라고 예언하였습니다. 전 세계적으로 약 십억 명이 기근에 처해있습니다. 이 기근은 아프리카와 남미 대륙이 가장 심하며 북한도 포함됩니다. 기근은 선진국 몇 나라를 제외하고는 세계 전역에 퍼져있습니다. 베네수엘라는 많은 국민들이 쓰레기통을 뒤질 정도로 파산하였고 그리스와 아르헨티나는 거의 채무 불이행의 상태에 처해있으며 많은 국가들이 곧 그러한 위험에 빠질 수 있습니다. 전 세계의 경제가 불황 속에 빠져있으며 회복의 조짐을 보이지 않습니다. 세계 대공황의 전조를 보이고 있습니다. 이것도 세상 끝의 징조입니다.

네 번째 징조로 예수께서 말씀한 것은 지진입니다. 어떤 믿을 만한 자료에 의하면 1980년대의 십 년 동안에는 진도 7 이상의 지진이 아홉 번 발생하였으며 1990년대에는 32번 발생하였으며 2천 년대의 10년 동안에는 무려 113차례나 발생하였습니다. 불과 20년 사이에 진도 7 이상의 큰 지진이 13배나 늘어났습니다. 진도 7 이상의 지진은 집과 건물이 무너지는 매우 강한 지진입니다. 이러한 지진의 횟수가 잦아지는 것도 주님 올 때가 다 되었다는 징조입니다.

지금까지는 주님께서 예언한 마지막 때의 징조에 대하여 현실에서 발생하고 있는 일을 적용하여 지금이 세상의 마지막 때라는 것을 확인해 보았습니다. 이제부터는 요한계시록이 보여주는 마지막 때의 일들을 예수님의 예언과 연결하여 살펴보겠습니다. 요한계시록 6장 1절에서 8절까지를 보겠습니다.

"내가 보매 어린 양이 일곱 인 중의 하나를 떼시는데 그 때에 내가 들으니 네 생물 중의 하나가 우렛소리 같이 말하되 오라 하기로" "이에 내가 보니 흰 말이 있는데 그 탄 자가 활을 가졌고 면류관을 받고 나아가서 이기고 또 이기려고 하더라" "둘째 인을 떼실 때에 내가 들으니 둘째 생물이 말하되 오라 하니" "이에 다른 붉은 말이 나오더라 그 탄 자가 허락을 받아 땅에서 화평을 제하여 버리며 서로 죽이게 하고 또 큰 칼을 받았더라" "셋째 인을 떼실 때에 내가 들으니 셋째 생물이 말하되 오라 하기로 내가 보니 검은 말이 나오는데 그 탄 자가 손에 저울을 가졌더라" "내가 네 생물 사이로부터 나는 듯한 음성을 들으니 이르되 한 데나리온에 밀 한 되요 한 데나리온에 보리 석 되로다 또 감람유와 포도주는 해치지 말라 하더라" "넷째 인을 떼실 때에 내가 넷째 생물의 음성을 들으니 말하되 오라 하기로" "내가 보매 청황색 말이 나오는데 그 탄 자의 이름은 사망이니 음부가 그 뒤를 따르더라 그들이 땅 사분의 일의 권세를 얻어 검과 흉년과 사망과 땅의 짐승들로써 죽이더라" (계 6:1-8).

지금 읽은 구절에는 네 마리의 말이 나옵니다. 흰 말과 붉은 말, 검은 말과 청황색 말입니다. 이 네 마리의 말이 상징하는 것은 본문에서 예수님께서 예언한 세상 끝 날의 징조와 그 내용이 일치합니다. 즉 예수님의 마지막 때에 대한 예언을 네 마리 말의 상징을 통하여 다시 확인해 주는 것입니다.

첫 번째 풀어진 흰 말은 적그리스도를 상징하며 예수님이 첫

번째로 예언한 미혹하는 자들이 많을 것이라는 것과 연결됩니다. 적그리스도의 영이 교회 안에 거짓 사도, 거짓 선지자, 거짓 목사들을 보내어 믿는 사람들을 미혹하는 것입니다.

두 번째 나오는 붉은 말은 예수님께서 말씀한 난리와 난리에 대한 소문과 국가 간의 전쟁을 반영합니다.

세 번째로 나오는 검은 말은 예수님께서 곳곳에 기근이 있을 것이라고 예언한 것을 상징적으로 설명하고 있습니다. 한 데나리온에 밀 한 되라는 것은 하루 번 돈으로 밀 한 되밖에 못 살 정도로 식량 값이 오르므로 많은 사람들이 굶게 된다는 의미입니다.

넷째 인을 뗄 때에 나오는 청황색 말은 전쟁과 경제난과 전염병과 기타 핍박으로 많은 사람들이 죽는 것을 상징하는데 이것은 주님께서 예언한 내용을 종합하는 것입니다. 이처럼 마지막 때에 대한 주님의 예언과 요한계시록 6장의 말씀이 맞아 들어간다는 사실과 그러한 일들이 세상에서 다 이루어져 가고 있다는 것은 지금이 마지막 때임을 증명하는 것입니다.

다음은 짐승의 표에 대하여 알아봄으로써 지금이 마지막 때라는 것을 한 번 더 증명하고자 합니다. 요한계시록 13장 16절에서 18절까지를 보겠습니다.

"그가 모든 자 곧 작은 자나 큰 자나 부자나 가난한 자나 자유인이나 종들에게 그 오른손에나 이마에 표를 받게 하고" "누구든지 이 표를 가진 자 외에는 매매를 못하게 하니 이 표는 곧 짐승의 이름이나 그 이름의 수라" "지혜가 여기 있으니 총명한 자는 그 짐승의 수를 세어 보라 그것은 사람의 수니 그의 수는 육백육십육이니라"(계 13:16-18).

수십 년 전만 하여도 짐승의 표가 도장이나 스탬프를 찍는 것으로 이해하였습니다. 그러나 신용카드와 컴퓨터가 실용화 되면서 짐승의 표가 마이크로 컴퓨터 칩이라는 것이 쉽게 이해가 되어버렸습니다. 미국의 의료보험과 관련시켜 이 컴퓨터 칩에 대하여 조금 더 자세히 살펴보겠습니다. 미국 정부는 1970년대부터 소형 컴퓨터 칩을 개발하여 전 국민의 몸에 의무적으로 주입시키려는 법을 제정하려고 했으며 2010년에는 이러한 법을 통과시키려고 국회에 올렸으나 부결된 적이 있습니다. 법안의 내용은 2013년 3월까지 이 칩을 전 국민이 의무적으로 받게 하는 것이었는데 받지 않는 사람들에게는 벌금을 물리고 나중에는 인신을 구속하는 법이었습니다. 법을 만드는 명분은 오바마케어 프로그램, 즉 전국민 의료보험 제도를 능률적으로 시행하기 위한 것이었습니다.

그런데 이것이 얼마나 악한 법인지를 잠깐 짚어보겠습니다. 이 법은 의료보험에 가입하지 않으면 하루에 백 불이나 벌금을 물리고 계속 가입하지 않으면 감옥에 보내는 것입니다. 이러한 법은 민주주의를 표방하는 미국에서는 상상도 할 수 없는 법입니다. 그러나 그 법은 국회에 상정되었으며 통과될 뻔 하였습니다.

이 법의 악한 정도가 이 컴퓨터칩이 악한 것이라는 것을 반영하며 이 칩을 주입하려는 세력들이 악하다는 것을 뜻하는 것입니다. 그 당시 이 법은 부결되었지만 컴퓨터칩을 강제로 시행할 수 있는 애매한 표현의 조항을 넣은 법이 만들어져 있습니다. 그러므로 머지않아 강제로 시행될 수도 있습니다. 그 때가 휴거 전일지 후일지는 모르지만 언제라도 강제로 시행할 수 있는 준비는 되어 있습니다. 9/11 사건 같은 국가적 큰 재난이 다시 발생하면 즉시 시행할 수도 있을 것입니다.

미국 정부에서 의료보험 가입의 수단으로 인체에 삽입하려 했던 컴퓨터칩은 베리칩이라고도 하고 영어로는 라디오 프리퀀시 아이덴티피케이션 (Radio Frequency Identification)이라고 하는데 줄여서 RFID라고도 부릅니다. 이것은 쌀알만한 크기의 컴퓨터 칩인데 많은 정보와 기능을 담을 수 있습니다. 지금부터는 이 컴퓨터 칩이 실제로 짐승의 표를 의미하는지에 대하여 알아보겠습니다. 요한계시록 13장 17절 말씀을 보겠습니다.

> "누구든지 이 표를 가진 자 외에는 매매를 못하게 하니 이 표는 곧 짐승의 이름이나 그 이름의 수라" (계 13:17).

이 구절은 짐승의 표를 받지 않으면 매매를 할 수 없다고 합니다. 그러므로 베리칩에 신용카드의 기능이 있는지를 확인해 봄으로써 그것이 짐승의 표인지를 진단해 볼 수 있습니다. 그런데 이미 네델란드의 한 유흥 업소에서는 수년 전부터 신용카드 대신에 인체에 삽입한 컴퓨터 칩을 스캔함으로 물건 값이 지불되는 시스템으로 사업을 하고 있습니다. 칩을 받은 사람들을 특별 고객으로 대접합니다. 컴퓨터 회사인 IBM은 앞으로 칩을 사용하여 수퍼마켓에서 매매를 하는 편리한 세상이 될 것을 TV를 통하여 광고하고 있습니다. 이처럼 베리칩은 매매의 기능을 갖고 실제로 사용되고 있으므로 짐승의 표인 것입니다.

이 칩을 개발한 칼 샌더슨 박사도 베리칩이 짐승의 표 또는 666표이므로 받지 말라고 홍보합니다. 이 사람은 예수를 믿지 않던 유대인으로 베리칩을 개발할 당시에는 그것이 짐승의 표가 될지 몰랐습니다. 그러나 이 사람이 나중에 예수를 믿게 되고 요한계시록을 공부하는 중에 자신이 개발한 베리칩이 짐승의 표인 것을 깨닫게 되었습니다. 그 후로는 베리칩이 짐승의 표이므로 받지 말라는 홍보를 하고 다닙니다.

이 사람이 그 칩을 직접 개발하며 연구한 결과 칩이 사람의 오른 손등이나 이마에 주입하여야 그 기능이 가장 잘 작동한다는 사실을 발견하였다고 합니다. 그런데 성경에도 같은 말씀이 있어 너무 놀랐고 자신이 개발한 컴퓨터 칩이 짐승의 표라는 사실을 확신하게 되었다고 합니다. 이처럼 이 칩을 개발한 사람의 증언도 베리칩이 짐승의 표라는 사실을 강하게 뒷받침해 주고 있습니다.

지금 당장은 베리칩이 강제로 시행되지 않을 뿐더러 베리칩을 받지 않아 물건을 사지 못하는 것은 아닙니다. 그러나 이러한 짐승의 표로 사용될 컴퓨터 칩이 개발되어 통용된다는 사실과 미국 정부에서도 강제로 받게 할 준비가 되어 있다는 사실이 지금이 마지막 때라는 것을 잘 증거하는 것입니다.

적그리스도가 전 인류를 지배하기 위한 가장 확실하고 손쉬운 방법이 베리칩을 모든 사람들에게 주입하는 것입니다. 컴퓨터로 세상을 지배하는 것입니다. 이 칩은 단순히 신용카드와 의료보험 기능만 갖게 되는 것이 아닙니다. 이 칩은 신분증이나 운전면허증을 대신하게 될 것이며 사람들의 직업, 재산, 신용, 건강 등 모든 종류의 정보를 기록 관리할 수 있습니다.

이 칩을 받게되면 언제 어디에 있었는지 위치 추적이 됩니다. 또한 감정이 조종될 수도 있습니다. 심지어 병들게도 건강하게도 할 수 있습니다. 이러한 모든 기능을 갖게 될 것이 베리칩입니다. 적그리스도가 컴퓨터 앞에서 칩을 꺼버리면 여러분은 아무것도 할 수 없습니다. 여러분은 경제적으로 사회적으로 죽어버리는 것입니다. 이처럼 베리칩은 한 사람이 전 인류를 완벽하게 장악하고 지배할 수 있는 모든 기능을 담을 것이며 이 표를 받지 않는 사람들은 마지막 때에 적그리스도에 의해 죽임을 당하는 것입니다. 이러한 표가 지금 개발되어 있고 이것을 강제로 받게 하려는 세력도 있습니다. 그러니 지금은 마지막 때 중에서도 끝자락에 있는 것입니다.

다음은 마지막 때의 또 다른 징조에 대하여 살펴보겠습니다.

데살로니가후서 2장 3절을 보겠습니다.

> "누가 어떻게 하여도 너희가 미혹되지 말라 먼저 배교하는 일이 있고 저 불법의 사람 곧 멸망의 아들이 나타나기 전에는 그 날이 이르지 아니하리니" (살후 2:3).

이 구절은 마지막 때 적그리스도가 일어나기 직전에 배교하는 일 즉 하나님을 배반하는 일이 일어난다는 것입니다. 잘 믿던 많은 사람들이 하나님으로부터 돌아서서 바른 가르침을 따르지 않게 된다는 뜻입니다. 현재 이러한 배교가 전 세계적으로 일어나고 있는데 전 세계의 모든 기독교를 하나로 통합하려는 운동이 바로 그것입니다. 이를 주관하는 단체의 이름은 WCC입니다. 영어로 월드 카운슬 오프 쳐치 (World Council of Churches)라고 하며 한국어로는 세계교회협의회라고 합니다. WCC가 배교의 단체인 이유는 다른 종교에도 구원이 있다는 다원주의를 신봉하기 때문입니다. 모든 종교에 구원이 있다며 기독교와 다른 종교를 하나로 합하려는 것은 배도 중에서도 가장 심각한 배도입니다.

로만 가톨릭이 이 단체를 배후에서 조종하고 있습니다. 이들이 기독교 교파를 하나로 묶으려는 이유는 다른 종교와 통합하려는 것입니다. 많은 기독교인들이 자신이 속한 교단과 교회가 배도 단체인 WCC에 가입하게 됨으로써 자동으로 배도하게 되는 것입니다. 스스로 인지하지도 못한채 배도의 길을 가게 되는 것입니다. 지금 7억 명의 기독교 인구 중에 5억 명이 이 단체에 알게 모르게 가입되어 있습니다. 엄청난 배도가 일어나고 있는 것입니다.

예수의 열두 제자들은 함께 협회를 만들지도 않았고 따로 교단을 만들지도 않았습니다. 각자 사역하였습니다. 그리고 성경은 나는 바울에게라 나는 게바에게라 나는 아볼로에게라 하는 것을 책망하였습니다. 이 말씀은 사람의 가르침을 쫓아 교단을 만들지 말라는 의미입니다. 다른 이유와 다른 교리로 모이거나 분열하지 말라는 메시지입니다. 나는 존 칼빈에게라 하여 만들어진 것이 장로교이며 나는 존 웨슬리에게라 하여 만든 것이 감리교단이며 나는 루터에게라 하여 만든 것이 루터교입니다. 이처럼 교단을 만드는 것도 비성경적인데 모든 기독교를 하나로 묶어 비진리로 이끄는 단체인 WCC를 만들고 가입하는 것은 더 말할 나위도 없는 것입니다. 그런데 이러한 참람된 배도가 전 세계적으로 일어나고 있습니다. 한국의 많은 교단들도 WCC에 가입하였거나 WCC를 지지하고 있으며 이러한 교단들의 수는 날로 늘어나고 있습니다.

WCC의 탄생이 모든 종교를 하나로 통합하려는 수순이라는 것은 2013년 11월 부산에서 행한 WCC총회의 광경을 보면 알 수 있습니다. 기독교 통합의 행사인데 모든 종교를 대표하는 사람들이 참석하였으며 심지어 무당들도 나와 함께 잔치판을 벌렸다는 것이 그것을 잘 증거하는 것입니다. 이 행사는 대한민국 땅을 더럽힌 것이며 하나님 앞에 참으로 패역한 한 짓인데 이러한 저주의 굿판을 주도한 자가 한국 WCC 회장인 명성교회의 김삼환입니다. 세계적인 배도의 중앙에 대한민국의 거짓 종이 큰 역할을 하고 있습니다. 이처럼 대한민국을 비롯한 온 세계의 배교가 WCC를 통하여 일어나고 있다는 사실이 지금이 마지막 때인 것을 증거하는 것입니다.

지금까지 살펴본 마지막 때의 징조들을 다시 한번 정리하겠습니다. 첫째, 교회 안의 거짓 사도, 거짓 선지자, 거짓 목사들이 교인들을 미혹하고 있습니다. 둘째, 전쟁과 기근과 지진이 심화되고 있으며 셋째, 짐승의 표가 이미 나와 있으며 넷째, WCC라는 기독교 통합단체를 통하여 전세계적으로 배교가 일어나고 있습니다. 이러한 모든 일들은 현재 우리가 귀로 듣고 눈으로 보고 피부로 느끼고 손으로 만지고 몸으로 경험하는 것입니다. 그러므로 지금이 마지막 때라는 것은 아무도 부인할 수 없습니다. 아무도 반박할 수도 반론할 수도 없습니다.

생각하지 않은 때에 인자가 온다고 하였습니다. 그러니 이제 미혹받지 말고 깨어 기도하며 준비하십시오. 회개하고 주님의 길을 예비하십시오. 거룩함으로 주님 오는 길을 곧게 하십시오. 그리고 슬기로운 처녀처럼 성령의 기름을 충분히 준비하여 주님 오실 때 모두 들림받기를 그리스도 예수의 이름으로 축복합니다.

"그 때에 사람이 너희에게 말하되 보라 그리스도가 여기 있다 혹은 저기 있다 하여도 믿지 말라" "거짓 그리스도들과 거짓 선지자들이 일어나 큰 표적과 기사를 보여 할 수만 있으면 택하신 자들도 미혹하리라" "보라 내가 너희에게 미리 말하였노라" "그러면 사람들이 너희에게 말하되 보라 그리스도가 광야에 있다 하여도 나가지 말고 보라 골방에 있다 하여도 믿지 말라"

마태복음 24:23-26

5
인터넷으로 미혹하는 귀신들

믿는 자들 중에도 성경보다는 인터넷의 정보들에 더 많은 관심을 가지고 시간을 보내는 사람들이 있습니다. 지금은 마지막 때이고 세상에는 마지막 때의 징조가 많이 나타나고 있습니다. 이러한 정황을 타고 예언이나 마지막 때에 관한 정보들이 인터넷에 갈수록 범람하고 있습니다. 사람들이 이러한 정보에 관심을 많이 갖고 인터넷을 접하는 이유는 성경을 읽는 것 보다 쉽고 호기심을 유발하고 자극적인 정보들이 많기 때문입니다. 말씀과 기도에 전력하지 않고 인터넷을 통하여 예언이나 마지막 때에 관한 소문들을 듣는 사람들은 미혹될 가능성이 높습니다.

인터넷에서 접하는 정보들이 모두 해로운 것은 아니지만 대부분의 정보들은 영적으로 유익하지 않습니다. 그러나 이것을 접하는 사람들은 인터넷의 많은 정보들이 믿음 생활에 유익하다는 판단을 하여 스스로 보는 것에 그치지 않고 다른 사람들과 공유합니다. 대부분의 크리스천들은 인터넷에 떠다니는 정보들이 성경적이고 믿음에 유익한 것인지에 대한 판단을 바르게 할 능력이 없습니다. 지금은 마지막 때이고 사탄의 미혹도 매우 간교하여서 속지 않을 수 없게 만듭니다. 그러므로 여러분은 이러한 정보를 많이 접할수록 점점 많이 미혹되어 갈 가능성이 높습니다. 인터넷은 성경 묵상과 기도 시간을 빼앗는 것만으로도 사탄의 충실한 도구 역할을 하고 있는 것입니다.

여러분이 인터넷을 통하여 영적 갈급함을 채우려 한다면 두 가지를 짚어 보아야 합니다. 첫째는 여러분이 속한 교회의 목사의 가르침에 문제가 있는지를 점검해 보십시오. 여러분이 성경과 여러분의 목자 외의 다른 것으로부터 영의 양식을 구하려 한다면 아마도 목자가 여러분을 제대로 먹이지 못하고 있을 가능성이 높습니다. 이러한 판단이 서면 다른 목자를 찾아야 할 것입니다. 둘째는 여러분의 목자가 바르게 먹이는 참된 주의 종임에도 여러분이 다른 곳에서 영의 양식을 찾는다면 여러분의 신앙이 건강하지 못한 것입니다. 돌이켜 주의 종의 가르침에 순종하고 성경 묵상에 집중해야 합니다. 자신의 교회의 목사의 설교에 감동이 없고 목사의 가르침이 자신을 점점 성화하도록 변화시키지 못한다면 그 목사가 참된 목자인지 시험해야 할 것입니다. 즉 본인이 문제인지 목사가 문제인지를 점검한 후 목사의 가르침이 문제라면 그 사람은 기도하여 참된 목자가 있는 교회로 인도받아야 합니다.

　어떤 사람은 교회에 가지 않고 인터넷으로 신앙 생활을 합니다. 자신이 옳다고 생각되는 사람의 설교를 혼자서 듣는 것입니다. 이것은 바른 신앙 생활이 아닙니다. 이러한 사람들은 반드시 미혹됩니다. 아니 이미 미혹된 사람입니다. 이러한 사람들은 기존의 교회를 신뢰하지 않기 때문이며 유익한 설교를 듣지 못하여서 그렇게 하기도 합니다. 물론 지금의 많은 교회와 목사의 가르침이 믿는 사람들을 바르게 인도하지 못하고 있는 것은 사실입니다. 그럼에도 불구하고 혼자 인터넷으로 신앙 생활을 하는 것은 잘못된 것입니다. 믿는 자들은 교회를 이루어야 합니다. 교회는 둘 이상 모이면 됩니다. 가족만 모여도 됩니다. 그리고 참된 교회를 간절히 소망하며 구할 때 주님께서 인도합니다.

　잘 편집된 유명한 설교자의 이십 분 설교가 여러분을 변화시킨 적이 있습니까? 여러분을 회개케 하고 거듭나게 인도합니까? 잠시 인상적인 감동으로 끝납니다. 이름 난 설교자들의 설교나 예언들을 여기 저기서 골라 듣는 것이 여러분의 신앙을 자라게 못합니다. 여러분을 성화시키지 못합니다. 왜냐하면 그 사람은 하나님께서 여러분의 목자로 세운 사람이 아니기 때문입니다. 여러분을 먹이는 사람은 여러분이 섬기는 교회의 목사이어야 합니다. 이것이 하나님께서 양을 먹이는 방법입니다. 양은 자신의 목자를 따라야 합니다. 요한복음 10장 4절, 5절을 보겠습니다.

"자기 양을 다 내놓은 후에 앞서 가면 양들이 그의 음성을 아는 고로 따라오되" "타인의 음성은 알지 못하는 고로 타인을 따르지 아니하고 도리어 도망하느니라" (요 10:4-5).

양은 자신의 목자 음성을 알고 따르되 타인을 따라가지는 않고 도망한다고 합니다. 이것이 양들의 건강한 신앙 생활입니다. 참 목자를 찾는데 힘을 기울이고 그 사람이 참 목자라는 확신이 들면 그 목자가 주는 양식을 받아 먹으십시오. 그리고 스스로 성경을 주야로 묵상하면서 믿음을 키워나가십시오. 이렇게 하는 것이 가장 건강한 신앙 생활의 모습이며 마지막 때에 미혹을 받지 않을 수 있는 가장 좋은 방법입니다.

하나님께서는 믿지 않는 자와 교제하는 것을 금합니다. 여기에는 페이스북과 같은 인터넷을 통한 친구도 예외가 아닙니다. 여러분이 소통하는 인터넷의 친구 모두가 신실하게 예수를 믿는 사람이겠습니까? 그 많은 사람들이 어떤 사람인지 여러분은 알 수가 없습니다. 세상에는 무늬만 크리스천인 사람들이 많습니다. 그러므로 페이스북 같은 인터넷 교제는 위험한 것입니다. 그들이 보내 주는 정보들을 신뢰하지 마십시오. 잘 못된 것은 보기만 하여도 죄가 되며 또한 미혹으로 인도합니다. 사람들은 인터넷을 통하여 정보를 나누고 유익하다고 생각하는 것을 공유하려 합니다. 그러나 믿는 여러분은 매우 신중하게 분별하여야 합니다. 그 사람들이 여러분을 미혹하는 사람일 수 있으며 여러분이 다른 사람을 미혹하는 죄를 지을 수 있습니다. 고린도후서 6장 14절에서 18절까지 보겠습니다.

> "너희는 믿지 않는 자와 멍에를 함께 메지 말라 의와 불법이 어찌 함께 하며 빛과 어둠이 어찌 사귀며" "그리스도와 벨리알이 어찌 조화되며 믿는 자와 믿지 않는 자가 어찌 상관하며" "하나님의 성전과 우상이 어찌 일치가 되리요 우리는 살아 계신 하나님의 성전이라 이와 같이 하나님께서 이르시되 내가 그들 가운데 거하며 두루 행하여 나는 그들의 하나님이 되고 그들은 나의 백성이 되리라" "그러므로 너희는 그들 중에서 나와서 따로 있고 부정한 것을 만지지 말라 내가 너희를 영접하여" "너희에게 아버지가 되고 너희는 내게 자녀가 되리라 전능하신 주의 말씀이니라 하셨느니라"(고후 6:14-18).

이 구절의 말씀은 믿는 자와 믿지 않는 자가 얼마나 엄격하게 구별되어야 하는지를 잘 보여줍니다. 믿지 않는 자는 불법이고 어둠이고 우상이고 사탄이고 부정한 것이라고 정의합니다. 믿는 사람들은 의이고 빛이고 그리스도이고 하나님의 성전입니다. 18절의 말씀은 믿는 사람은 믿지 않는 자들과 분리될 때에만 하나님의 자녀가 된다고 말씀하는 것입니다. 이것이 거룩입니다. 거룩은 세상과 구별되는 것이고 믿지 않는 자들과 분리되는 것입니다. 그러나 인터넷을 통한 교제의 장은 세상입니다. 페이스북이나 트위터는 세상입니다. 하나님께서는 이들로부터 나와서 따로 있으라고 명령합니다.

지금까지는 인터넷을 통한 교제가 그것이 믿음의 교제인 것처럼 보여도 실제로는 유익하지 않은 정보들을 분별하지 못하게 하거나 접하게 되는 미혹의 수단이 되고 있다는 것과 영의 양식은 하나님이 세운 참 목자를 통하여 공급받고 또한 스스로 성경을 묵상함으로써 믿음을 지켜 나가는 것이 마지막 때에 미혹되지 않는 방법이라는 것에 대하여 나누었습니다. 이제부터는 인터넷의 정보를 통하여 많은 사람들이 미혹되고 있는 실제의 경우 두 가지에 대하여 나누겠습니다.

첫째는 2014년 12월 중에 한국 전쟁이 발생한다는 거짓 교사의 예언에 관한 것입니다. 이 거짓 교사의 이름은 홍혜선이라고 하는데 한국에서 12월 중에 전쟁이 분명하게 발생하므로 피하라는 내용이었습니다. 예언의 내용도 매우 구체적이고 북한이 파놓은 땅굴에 대하여도 언급하였습니다. 그리고 회개하라는 메시지도 전하고 있었습니다. 나는 이 사람의 예언을 지인으로부터 이메일을 통하여 받아 보았습니다. 나는 그 예언의 내용을 믿었습니다. 내가 그 내용을 믿었던 이유는 회개하라는 메시지가 있었기 때문입니다. 회개하라고 말하는 거짓 선지자는 성경에 없습니다. 그러므로 나는 그 말을 믿고 한국 전쟁의 예언을 가까운 지인 몇 사람에게 전하였습니다. 그러나 한국 전쟁은 그 때에 발생하지 않았습니다. 미혹하는 자 홍혜선은 거짓 예언과 회개의 메시지를 동시에 전함으로써 사람들을 속인 것입니다. 마지막 때에 사탄의 미혹하는 간계의 정도가 점점 더 고도화되어 가고 있습니다. 믿는 사람들을 미혹하기 위하여 거짓 예언에 회개의 메시지를 첨가한 것입니다.

이 사람의 예언은 이루어지지 않았으므로 이 사람은 거짓 교사인 것이 판명났습니다. 그럼에도 불구하고 이 거짓 교사는 요나가 사십 일 후에 니느웨성이 무너질 것이라고 예언하였는데 니느웨 사람들이 회개함으로 무너지지 않은 것처럼 한국 사람들이 회개하여 전쟁이 나지 않았다고 변명을 합니다. 그러나 이것은 경우가 다른 것입니다. 그 당시 니느웨 사람들은 왕부터 모든 백성이 심지어는 짐승까지도 모두 금식하며 회개하였습니다. 그리하여 니느웨성은 멸망을 피한 것입니다. 그러나 대한민국은 국민 모두 회개하지 않았습니다. 서울 시민 조차도 모두 회개하지 않았습니다. 서울의 교회들도 모두 회개하지 않았습니다. 그러므로 하나님으로부터 받은 말씀이라면 반드시 전쟁이 일어나야 하는 것입니다. 그러나 한국 전쟁은 그 사람이 예언한 2014년 12월에 발생하지 않았고 따라서 홍혜선은 거짓 교사이고 귀신과 접하는 자라는 것이 증명된 것입니다. 신명기 18장 20절에서 22절까지를 보겠습니다.

"만일 어떤 선지자가 내가 전하라고 명령하지 아니한 말을 제 마음대로 내 이름으로 전하든지 다른 신들의 이름으로 말하면 그 선지자는 죽임을 당하리라 하셨느니라" "네가 마음속으로 이르기를 그 말이 여호와께서 이르신 말씀인지 우리가 어떻게 알리요 하리라" "만일 선지자가 있어 여호와의 이름으로 말한 일에 증험도 없고 성취함도 없으면 이는 여호와께서 말씀하신 것이 아니요 그 선지자가 제 마음대로 한 말이니 너는 그를 두려워하지 말지니라"(신 18:20-22).

이 구절의 말씀에 비추면 여호와의 이름으로 예언한 홍혜선의 말은 성취되지 않았으므로 제 마음대로 한 말이며 이 사람은 죽임을 당할 것입니다. 즉 죽어서 지옥간다는 것입니다. 스스로 책까지 지어 지옥가지 말라고 광고하던 자가 남들에게는 가지말라고 하던 지옥의 유황불에 자신이 떨어지게 된 것입니다.

이 사람의 거짓 예언과 관련한 또 다른 변명에 대하여 살펴보겠습니다. 이 사람은 2014년 12월 중에 한국 전쟁이 일어나지 않자 땅굴에 북한군이 들어와 있으므로 전쟁이 시작된 것이라는 궤변을 하였습니다. 전쟁이라 함은 실제적인 전투가 벌어지는 것으로 이해를 하는 것이 상식인데 땅굴에 북한군이 왔다 갔다하는 것이 전쟁이라면 사람들에게 전쟁을 피하여 한국을 떠나라는 말을 한 이유가 무엇입니까? 이 사람은 자신의 예언이 거짓임이 분명하게 드러났음에도 처음에는 한국 사람들이 회개하여 전쟁이 일어나지 않았다고 하다가 나중에는 땅굴에 북한군이 있으므로 전쟁이 발생한 것이라고 하는 등 일관성 없이 횡설수설하며 끝까지 사람들을 미혹하고 있습니다.

이 사람은 공개적인 거짓 예언을 하는데 그치지 않고 자신의 페이스북에 접속하는 사람들에게 접근하여 전화로 내적 치유를 해 준다며 수백 불씩 돈을 받고 있습니다. 이것은 내가 잘 아는 사람이 직접 자신이 수백 불을 주고 그러한 일을 한 적이 있다고 하여 알게 되었습니다. 이 사람은 이 거짓 교사에게 돈을 주고 전화로 상담한 다른 사람도 알고 있다고 하였습니다. 성경은 거저 받았으니 거저 주라고 합니다. 성령님은 거저 줍니다. 그러나 이사람은 귀신에게 돈 주고 받았으므로 돈받고 파는 것입니다. 홍혜선은 삯꾼입니다. 속이는 자입니다. 교만하고 음탕한 마귀의 종입니다. 그러니 혹시 지금이라도 주위에 미혹된 사람들이 있다면 권면하여 미혹으로부터 돌이키게 하십시오.

두 번째는 천안 박권사라는 사람의 예언에 대하여 살펴보겠습니다. 이 사람은 주님께서 직접 불러 준 것을 받아 적어서 그대로 읽는다고 하면서 거짓 예언을 하는 사람입니다. 이 사람의 예언도 누구의 권유로 들어보았습니다. 이 사람의 거짓말은 휴거가 핵심 주제입니다. 휴거의 때에 관하여 말을 하고 있었는데 앞에서 한 말과 뒤에서 한 말이 다르고 분명치 않았습니다. 조금 더 들어보니 참으로 말도 안되는 내용이었습니다. 그럴듯한 신학과 성경해석으로 일부 포장을 하고 있었지만 그 말들의 많은 부분은 인터넷에 떠돌아다니는 말들을 모아놓은 것들이었습니다.

이 거짓말하는 자는 2013년에 휴거가 있을 것이고 늦으면 2014년에 있을 것이라고 예언을 하고 있었는데 그것은 2012년에 한 것으로 추정이 되었습니다. 그러나 2019년 2월인 지금도 휴거는 일어나지 않았습니다. 그리고 또 다른 예언에서는 2015년에 휴거가 일어난다고 예언하고 있습니다. 그러나 2015년에 휴거가 없어도 자신은 책임이 없다고 말합니다. 주께서 준 말이라고 예언하였는데 이루어지지 않으면 주께서 준 말이 아닌 것을 거짓으로 한 말이므로 죽는 죄에 해당하는지도 모르고 횡설수설하고 다닙니다. 이 사람은 참으로 무식하고 굳세지 못한 불쌍한 영혼입니다.

이 사람은 1992년 휴거의 때를 거짓으로 예언하여 교인들을 미혹하고 재물까지 갈취한 이단 다미선교회와 관련된 사람들과 연결되어 있으며 그들이 이 사람의 거짓 예언을 돕고 있습니다. 이십 년 전의 똑 같은 마귀가 같은 방법으로 교인들을 미혹하고 있습니다. 이들의 미혹이 위험한 것은 휴거에 대한 거짓 예언을 퍼트림으로써 휴거의 때에 대한 참 예언까지도 사람들이 믿지 못하게 하는 것입니다. 천안 박권사 이 사람은 사기꾼이고 마귀의 자식이고 귀신과 접하는 사람입니다. 인터넷에 전화번호를 올려 놓은 이유가 무엇이겠습니까? 이 사람의 예언은 듣지 말고 돈도 보내지 마십시오. 그리고 혹시 주변에 미혹된 사람들이 있다면 깨우쳐 미혹에서 돌이키게 하십시오.

이상으로 두 사람의 거짓 예언의 경우에 대하여 나누어 보았습니다. 이 두 사람이 하는 짓은 마태복음 24장 5절이 그대로 응하는 것입니다.

> "많은 사람이 내 이름으로 와서 이르되 나는 그리스도라 하여 많은 사람을 미혹하리라" (마 24:5).

이 두 사람은 모두 그리스도께서 준 말씀이라며 예언하였습니다. 그러나 마귀가 준 것이고 미혹이었습니다. 이들의 미혹하는 간계가 매우 사특하여 많은 사람들이 속아 넘어가고 있습니다. 그러나 지금 말씀드리려는 것의 핵심은 이들의 미혹에 관한 것은 아닙니다. 물론 이번 기회에 이러한 미혹하는 자들이 있다는 것을 알게 된 것도 유익이지만 그것보다 더 중요한 것은 이러한 미혹이 인터넷으로부터 오므로 인터넷을 멀리 하라는 것입니다. 이 두 가지의 메시지를 들어보라고 나에게 보내준 사람도 거짓 예언을 믿고 퍼트림으로써 거짓 예언한 자와 동일한 죄를 지은 것입니다. 이 사람도 인터넷을 통하여 미혹된 것입니다. 성경보다는 인터넷에 떠다니는 예언에 관심이 더 많음으로 미혹된 것입니다.

지금의 세상은 미혹이 보이지 않는 인터넷 전파를 타고 옵니다. 공중 권세 잡은 마귀가 공중파를 이용하여 미혹합니다. 여러분이 주야로 말씀 묵상하고 참 교회에서 말씀으로 양육되고 성령 안에서 교회의 지체들과 사귄다면 미혹되지 않습니다. 여러분이 미혹되느냐 되지 않느냐는 여러분이 인터넷을 하느냐 하지 않느냐에 달려있다고 말해도 과언이 아닙니다. 하나님의 예언을 인터넷에서 찾지마십시오. 성경 말씀에서 찾으십시오. 본문 말씀인 마태복음 24장 23절에서 26절까지를 보겠습니다.

> "그 때에 사람이 너희에게 말하되 보라 그리스도가 여기 있다 혹은 저기 있다 하여도 믿지 말라" "거짓 그리스도들과 거짓 선지자들이 일어나 큰 표적과 기사를 보여 할 수만 있으면 택하신 자들도 미혹하리라" "보라 내가 너희에게 미리 말하였노라" "그러면 사람들이 너희에게 말하되 보라 그리스도가 광야에 있다 하여도 나가지 말고 보라 골방에 있다 하여도 믿지 말라" (마 24:23-26).

이 말씀은 마지막 때에 여기 저기에서 그리스도가 있다고 말한다고 합니다. 어떤 사람들은 표적과 기사도 보인다고 합니다. 그러나 믿지 말라고 합니다. 이 구절의 말씀을 인용하는 이유는 해석을 하기 위한 것이 아닙니다. 이 구절을 통하여 말씀드리려는 것은 여기 저기에 그리스도가 있다는 말을 어떻게 듣게 되느냐는 것입니다. 들으면 미혹될 수 있는 이러한 말은 듣지 않는 편이 좋은데 사람들은 듣게 됩니다. 교회 안에만 있으며 이러한 거짓 소문을 듣지 못합니다. 성령 안에만 있으면 주의 음성 외에는 듣지 못합니다. 그리스도가 광야에 있다거나 골방에 있다고 하는 말은 인터넷을 통하여 인터넷 친구를 통하여 듣게 되는 것입니다. 지금은 초대 교회 시절보다 훨씬 더 미혹이 잘 될 수 있는 환경 가운데 있습니다. 지금은 미국에서 말하는 미혹이 한국에서도 작동합니다. 한국 천안의 한 신접한 자의 입에서 나오는 거짓말이 온 세상을 미혹할 수 있습니다.

지금은 마지막 때 입니다. 교회 안에도 미혹으로 가득한데 하물며 세상에 돌아다니는 미혹은 어떻겠습니까? 여러분이 믿음 생활에 유익하다고 생각하는 대부분의 정보가 유익하지 않습니다. 지금 여러분에게 유익한 것은 성경밖에 없습니다. 여러분이 궁금해 하는 세상 정보의 대부분은 몰라도 되는 것입니다. 하나님께서는 성경만 보는 사람에게는 세상에서 일어나는 일 중에서도 꼭 필요한 것은 알게 합니다. 그러므로 미국의 계엄령과 FEMA 수용소와 단두대와 세계경제의 붕괴와 핵전쟁과 뉴월드오더와 적그리스도와 휴거에 대한 예언들을 자세히 알려고 인터넷에서 시간을 소비하지 마십시오. 성령께서 필요한 것만 필요한 때에 정확하게 알려줄 것입니다. 하나님께서는 마지막 때에 성령이 교회들에게 하는 말씀을 들으라고 했습니다. 성령이 인터넷을 통하여 하는 말씀을 들으라고 하지 않았습니다. 요한계시록 3장 13절을 보겠습니다.

"귀 있는 자는 성령이 교회들에게 하시는 말씀을 들을지어다"(계 3:13).

주님은 요한계시록에서 이 말씀을 일곱 번이나 하였습니다. 마지막 때에 교회의 지체를 이루는 사람만이 하나님의 말씀을 들을 수 있다는 것입니다. 인터넷에 떠다니는 예언과 비밀스러운 이야기들을 많이 듣고 안다고 구원받는 것이 아닙니다. 성경의 계시가 많이 열려서 구원받는 것이 아닙니다. 적그리스도가 누구인지를 안다는 것이 여러분의 구원을 완성시키지 않습니다. 참 교회 안에서 목자의 인도를 받고 성경을 주야로 묵상하고 쉬지 않고 기도하는 사람이 구원받는 것입니다. 그렇게 하는 것만이 마지막 때의 온갖 미혹으로부터 보호받을 수 있는 최선의 방법입니다. 지금부터는 세상의 온갖 정보와 인터넷은 멀리하고 성경만 가까이 하는 거룩한 삶으로 전환하기를 예수 그리스도의 이름으로 축복합니다.

"또 그 모든 편지에도 이런 일에 관하여 말하였으되 그 중에 알기 어려운 것이 더러 있으니 무식한 자들과 굳세지 못한 자들이 다른 성경과 같이 그것도 억지로 풀다가 스스로 멸망에 이르느니라" "그러므로 사랑하는 자들아 너희가 이것을 미리 알았은즉 무법한 자들의 미혹에 이끌려 너희가 굳센 데서 떨어질까 삼가라"

베드로후서 3:16-17

미혹하는 목사

6
성경을 억지로 풀다 멸망하는 목사들

목사가 성경을 바르게 풀지 못하면 스스로도 멸망하고 배우는 자도 지옥 가게 됩니다. 성경을 잘못 가르치는 것은 그 영혼을 사냥하는 것입니다. 바르게 진리를 배우지 못하면 미혹됩니다. 미혹된 사람은 구원받지 못합니다. 현대의 교회에는 잘못된 가르침이 만연하고 있습니다. 그 중에는 상대적으로 작은 것도 있고 영혼을 지옥으로 끌고 가는 큰 것도 있습니다. 이러한 하나님의 말씀에 대한 잘못된 가르침은 신학교를 나온 목사들이 주도를 하는데 그들이 잘못 가르치는 원인은 잘못 배웠기 때문입니다.

거짓 목사를 만드는 곳이 신학교입니다. 신학교는 사람의 학문인 신학을 가르칩니다. 신학은 진리가 아닙니다. 신학이라는 말의 정의가 하나님에 대하여 배우는 학문이라는 뜻인데 하나님은 학문으로 배워 알 수 있는 존재가 아닙니다. 그럼에도 불구하고 한국의 제도는 신학대학을 졸업하여야 목사 자격을 인정합니다. 그러므로 목사가 되려면 신학교에서 공부를 해야 합니다. 하나님께서도 이러한 세상의 제도를 인정합니다. 그러므로 주의 종으로 부름을 받은 사람은 신학교를 가야합니다. 그러나 성령을 받고 주의 종으로 부름을 받은 사람들은 신학교의 거대한 미혹과 싸워 이길 수 있는 지혜와 능력이 주어집니다. 그리하여 신학교를 진리를 분별하고 신학이 잘못 되었음을 깨닫게 하는 훈련장으로 삼습니다.

신학교의 미혹과 싸우려면 공부 기간 중에도 많은 기도가 필요합니다. 그러나 미국 신학대학원의 프로그램은 책을 읽고 페이퍼를 써야하는 양이 너무 많아 기도 시간을 줄일 수 밖에 없도록 되어 있습니다. 이것은 사탄이 신학교의 커리큘럼을 장악하고 있다는 증거입니다. 그러므로 성령을 받고 진리로 온전히 무장되지 않은 사람들은 신학교에서 오히려 영적으로 고갈되고 미혹되어 버립니다. 그러나 주의 종으로 부름을 받은 사람들을 위하여는 하나님께서 이러한 사탄의 회인 신학교를 매우 좋은 훈련소로 사용합니다. 그러므로 신학교는 완전히 서로 다른 두 나라의 군사를 함께 배출하는 것입니다.

신학은 성경을 어지럽히고 성령을 훼방합니다. 하나님의 말씀을 사람의 말씀으로 변환시킵니다. 성경 말씀은 성경으로 풀어야 하는데 신학으로 풀려고 합니다. 이것을 잘하는 사람들이 신학자들이고 거짓 목사들입니다. 장로교 신학의 대표적인 사상은 한 번 구원은 영원한 구원입니다. 예수를 한번 주로 시인하면 그 사람은 영원히 구원받은 것이라는 것입니다. 그러므로 이 신학을 근거로 세워진 장로 교단의 가르침을 배운 사람들은 죄를 짓는데 빠릅니다. 왜냐하면 그래도 구원받았다고 믿기 때문입니다. 이것이 신학입니다. 성경에 없는 것이 신학입니다. 성경에는 하나님 말씀밖에 없습니다. 신학이 없습니다. 이러한 성경의 진리를 왜곡하는 신학을 가지고 교인들을 미혹하는 사람들을 거짓 목사라고 하며 거짓 목사는 신학교에서 배출됩니다.

다음은 현대의 교회에 퍼져있는 대표적인 잘못된 가르침 몇 가지에 대하여 살펴보고 이들의 잘못된 가르침을 바로 잡고자 합니다. 혹시 이러한 잘못된 가르침의 미혹에 빠져있는 사람들이 있다면 미혹에서 돌이키는 기회로 삼기 바랍니다.

첫째, 한번 구원은 영원한 구원이라는 잘못 된 가르침에 대하여 나누겠습니다. 이 가르침은 종교 개혁가로 알려진 존 칼빈의 신학입니다. 이 사람의 신학을 바탕으로 만들어진 교단이 장로 교단입니다. 이 가르침은 한번 예수를 주로 영접하고 입으로 고백하기만 하면 그 사람은 반드시 구원받는다는 것입니다. 그러나 성경은 그렇게 말씀하지 않습니다. 이것이 틀린 가르침이라는 것을 보여 주는 말씀은 성경에 많이 있습니다. 그 중 몇 곳을 보겠습니다. 마태복음 7장 21절에서 23절까지를 보겠습니다.

"나더러 주여 주여 하는 자마다 다 천국에 들어갈 것이 아니요 다만 하늘에 계신 내 아버지의 뜻대로 행하는 자라야 들어가리라" "그 날에 많은 사람이 나더러 이르되 주여 주여 우리가 주의 이름으로 선지자 노릇 하며 주의 이름으로 귀신을 쫓아 내며 주의 이름으로 많은 권능을 행하지 아니하였나이까 하리니" "그 때에 내가 그들에게 밝히 말하되 내가 너희를 도무지 알지 못하니 불법을 행하는 자들아 내게서 떠나가라 하리라" (마 7:21-23).

이 구절에서 주여 주여 하는 자는 교인입니다. 예수를 주로 영접한 자입니다. 그 뿐만 아니라 예수의 이름으로 귀신도 쫓아내고 능력까지 행한 사람들입니다. 그러나 이들은 구원받지 못하였습니다. 주님이 알지 못하는 사람들이라고 합니다. 그 이유는 불법을 행하였기 때문입니다. 여기서 불법을 행하였다는 것은 율법을 지키지 않았다는 뜻입니다. 성경은 예수를 주로 시인하여도 계명을 지키지 않으면 구원받지 못한다고 가르칩니다. 한번 구원은 영원한 구원이 아닙니다. 다음은 야고보서 2장 14절을 보겠습니다.

"내 형제들아 만일 사람이 믿음이 있노라 하고 행함이 없으면 무슨 유익이 있으리요 그 믿음이 능히 자기를 구원하겠느냐" (약 2:14).

여기서 믿음이 있노라고 하는 사람은 예수를 주로 영접한 사람입니다. 그러므로 믿음이 있다는 표현을 하는 것입니다. 그런데 이러한 사람이 행함이 없으면 구원받을 수 있겠냐고 질문을 합니다. 이 구절은 예수를 주로 받아들였어도 계명대로 행하지 않으면 구원받지 못한다고 말씀하는 것입니다. 한 번 구원은 영원한 구원이 아닙니다. 다음은 고린도전서 9장 27절을 보겠습니다.

> "내가 내 몸을 쳐 복종하게 함은 내가 남에게 전파한 후에 자신이 도리어 버림을 당할까 두려워함이로다" (고전 9:27).

사도 바울은 다메섹에서 예수를 만났고 주의 종이 되었습니다. 그리하여 목숨을 걸고 복음을 전하고 말씀을 가르쳤습니다. 이러한 사람도 남을 전도한 후에 자신은 구원을 잃게 될까 두려워하고 있습니다. 이것이 바른 믿음입니다. 한번 구원은 영원한 구원이 아닙니다. 다음은 빌립보서 2장 12절을 보겠습니다.

> "그러므로 나의 사랑하는 자들아 너희가 나 있을 때뿐 아니라 더욱 지금 나 없을 때에도 항상 복종하여 두렵고 떨림으로 너희 구원을 이루라" (빌 2:12).

이 말씀은 구원은 이루어가는 것이라는 뜻입니다. 그것도 두렵고 떨리는 마음으로 이루어가는 것이 구원인 것입니다. 한번 예수를 주로 시인하였다고 구원이 완성되는 것이 아닙니다. 다음은 히브리서 6장 4절에서 6절까지를 보겠습니다.

> "한 번 빛을 받고 하늘의 은사를 맛보고 성령에 참여한 바 되고" "하나님의 선한 말씀과 내세의 능력을 맛보고도" "타락한 자들은 다시 새롭게 하여 회개하게 할 수 없나니 이는 그들이 하나님의 아들을 다시 십자가에 못 박아 드러내 놓고 욕되게 함이라"(히 6:4-6).

이 구절은 예수를 믿을 뿐 아니라 성령까지 받은 사람에 대하여 말씀하고 있습니다. 이러한 사람이 타락하면 다시 회개할 기회도 없다고 합니다. 성령을 받은 사람도 구원을 잃을 수 있는데 한번 예수를 주로 영접하였다고 영원히 구원을 받겠습니까?

이상으로 살펴본 것처럼 한번 구원은 영원한 구원이 아니라는 것을 말씀하는 구절은 여러 곳에서 찾아볼 수 있습니다. 이러한 잘못 된 가르침은 장로 교단 뿐만 아니라 다른 교단의 교회들에도 만연해 있는 대표적인 거짓 가르침이며 이러한 가르침은 교인들의 영혼을 지옥으로 끌고 갑니다.

둘째, 하나님은 구원받을 자와 구원받지 못할 자를 미리 정하여 놓았다는 예정론은 거짓 가르침입니다. 사탄의 종 존 칼빈은 예정론이라는 신학으로 하나님께서 임의로 구원받을 사람을 정하여 놓았다고 가르칩니다. 성경에 그렇게 오해할 만한 구절들이 있는데 그것을 억지로 풀어 놓은 것입니다. 이것은 한번 구원은 영원한 구원이라는 거짓 가르침과 짝을 이루어 그간 많은 영혼들을 지옥을 끌고 간 거짓 가르침입니다. 이것이 틀린 것임을 지적하는 성경 말씀을 보겠습니다. 디모데전서 2장 3절, 4절을 보겠습니다.

> "이것이 우리 구주 하나님 앞에 선하고 받으실 만한 것이니" "하나님은 모든 사람이 구원을 받으며 진리를 아는 데에 이르기를 원하시느니라" (딤전 2:3-4).

이 구절은 하나님께서는 모든 인류가 한 사람도 빠지지 않고 모두 구원받기를 원한다는 말씀입니다. 이것은 지극히 상식적인 말씀입니다. 하나님께서 무슨 이유로 구원받지 못할 사람을 정하겠습니까? 그렇게 하는 것이 하나님의 성품에 맞는 것이겠습니까? 그렇다면 왜 계명을 지키라고 가르치며 거룩하게 살도록 힘쓰라고 가르치겠습니까? 사람이 거룩해지기 위하여는 자유 의지를 가진 인간이 힘을 써야하며 또한 성령이 돕습니다. 그러할 때 구원받는 것입니다. 하나님은 인간의 구원을 임의로 정하지 않습니다. 구원의 주권이 하나님께 있는 것은 사실이지만 인간이 행한대로 심판한다고 하였습니다. 하나님께서는 많은 것들을 예정하고 예언하였습니다. 그리고 그 예언은 모두 이루어지고 있습니다. 그러나 하나님께서 모든 것을 다 예정해 놓았을지라도 인간의 구원만은 예정해 놓지 않았습니다.

칼빈의 예정론은 상식 이하의 신학이며 사탄이 인간을 구원받지 못하도록 하기 위한 미혹입니다. 이러한 신학을 배운 거짓 목사는 예배당에 앉아 있는 사람들에게 모두 구원받은 것으로 가르칩니다. 그리고 전도를 하여도 받아들이지 않는 사람들은 구원받지 못하기로 예정되었듯이 가르칩니다. 이러한 가르침은 거짓입니다. 어느 누구도 구원받기로 예정되어 있지 않습니다. 아무도 구원받지 못하도록 예정되어 있지 않습니다. 분명한 것은 존 칼빈의 신학을 믿고 따르는 자들은 구원받지 못한다는 것입니다. 왜냐하면 이들은 미혹되어 있기 때문입니다. 그러나 이들도 잘못된 가르침에서 돌아서고 회개한다면 구원받을 수 있습니다. 왜냐하면 이들도 구원받지 못하도록 예정되어 있지는 않기 때문입니다.

이상으로 교회 안의 대표적인 거짓 가르침인 한번 구원은 영원한 구원과 예정론에 대하여 살펴보았습니다. 이 거짓 신학은 특별히 한국 교회에 가장 만연하며 이 신학의 본산지인 장로 교단은 물론 다른 교단에도 보편화 된 거짓 가르침으로 자리잡고 있습니다. 이 가르침의 폐해는 심각합니다. 생각해보십시오. 어떻게 살아도 구원이 예정되어 있다고 믿는다면 그 사람의 삶이 거룩하겠습니까? 소유를 팔아 가난한 자에게 나누어 주겠습니까? 자신을 부인하고 자기 십자가를 지고 주를 따르겠습니까? 이러한 거짓 가르침은 그 동안에 수많은 영혼들을 지옥으로 데려갔으며 지금도 많은 영혼들을 사냥하고 있습니다. 이러한 사명을 가진 자들이 거짓 목사들입니다. 마태복음 23장 13절, 15절을 보겠습니다.

> "화 있을진저 외식하는 서기관들과 바리새인들이여 너희는 천국 문을 사람들 앞에서 닫고 너희도 들어가지 않고 들어가려 하는 자도 들어가지 못하게 하는도다" "화 있을진저 외식하는 서기관들과 바리새인들이여 너희는 교인 한 사람을 얻기 위하여 바다와 육지를 두루 다니다가 생기면 너희보다 배나 더 지옥 자식이 되게 하는도다" (마 23:13-15).

이 구절에 나오는 외식하는 서기관들과 바리새인들이 지금의 거짓 목사, 거짓 전도사들입니다. 이들은 자신들도 천국을 들어가지 않고 들어가려는 사람들도 못 들어가게 하는 사람들입니다. 또한 교인들을 전도하여 지옥 자식이 되게 한다고 합니다. 이 구절의 말씀이 지금 칼빈의 신학으로 가르치는 목사들에게 응하고 있습니다.

셋째, 계명을 지키지 않아도 예수님의 은혜로 구원받는다는 가르침은 틀린 것입니다. 지금의 많은 교회는 구약 시대에는 계명을 모두 지켜야 구원받았지만 예수께서 십자가에서 죽은 이후로는 예수를 믿기만 하면 계명은 지키지 않아도 구원받는 것처럼 가르치고 있습니다. 이들은 예수께서 율법을 십자가에 못 박아 폐한 것처럼 성경을 잘못 풀어 가르칩니다. 입으로 시인하고 마음으로 믿기만 하면 구원을 받을 수 있도록, 즉 예수께서 구원을 매우 쉽게 만들어 놓았다는 것이며 그것이 하나님의 은혜라고 가르칩니다.

이러한 가르침은 틀린 것입니다. 이러한 가르침은 하나님의 은혜를 욕되게 하는 것입니다. 하나님의 은혜를 죄를 지을 수 있는 구실로 만드는 것입니다. 이렇게 배운 사람들은 한번 구원은 영원한 구원이라고 배운 사람들처럼 그 삶이 거룩할 수가 없습니다. 계명을 지켜야 구원받는다는 구절들을 찾아보겠습니다. 마태복음 19장 16절, 17절을 보겠습니다.

"어떤 사람이 주께 와서 이르되 선생님이여 내가 무슨 선한 일을 하여야 영생을 얻으리이까" "예수께서 이르시되 어찌하여 선한 일을 내게 묻느냐 선한 이는 오직 한 분이시니라 네가 생명에 들어 가려면 계명들을 지키라" (마 19:16-17).

이 구절은 부자 관리가 예수님에게 구원받기 위하여 무엇을 해야하는지를 묻고 예수님이 대답한 것입니다. 이 대화는 상징이나 비유로 말씀하는 것도 아닙니다. 직접적이고 사실적으로 묻고 문자 그대로 대답하였습니다. 예수님은 구원을 받으려면 계명들을 지키라고 말씀합니다. 계명을 지켜야 구원받는 이유는 계명을 지키는 것이 믿음의 증거가 되기 때문입니다.

다음은 로마서 2장 13절을 보겠습니다.

"하나님 앞에서는 율법을 듣는 자가 의인이 아니요 오직 율법을 행하는 자라야 의롭다 하심을 얻으리니" (롬 2:3).

율법을 행하는 자가 하나님으로부터 의롭다 함을 입는다고 합니다. 의롭다 함을 입는다는 것은 구원받는다는 의미입니다. 하나님께서 의롭다고 하는 사람만 구원을 받는 것인데 이러한 사람들은 계명을 지켜 행하는 사람들이라고 합니다. 듣고도 행하지 않는 자들은 구원받지 못하는 것입니다. 즉 계명을 지켜야 구원받는 것입니다. 이상으로 살펴본 것처럼 성경은 하나님의 계명을 지켜야 구원받는다고 가르칩니다. 왜냐하면 계명을 지키는 것이 믿음의 증거가 되기 때문입니다.

넷째, 예수께서 십자가에서 율법을 폐한 것처럼 가르치는 것은 틀린 것입니다. 그렇게 오해하는 구절들을 살펴보며 설명을 하겠습니다. 에베소서 2장 15절을 보겠습니다.

"법조문으로 된 계명의 율법을 폐하셨으니 이는 이 둘로 자기 안에서 한 새 사람을 지어 화평하게 하시고" (엡 2:15).

이 구절 한 줄만 보면 예수께서 모든 율법을 폐한 것처럼 오해를 합니다. 그런데 에베소서 2장 전체를 읽어보면 여기서 말씀하는 폐하여진 율법은 할례 또는 할례와 동물 제사에 국한된 것입니다. 그 당시에는 예수를 믿는 유대인들 조차도 할례에 대한 문제로 이방인들과 화합이 되지 않았습니다. 왜냐하면 할례가 유대인이 이방인과 구별되는 상징이었기 때문입니다. 이러한 문제에 관하여 사도 바울이 할례의 율법이 폐하여졌다는 것을 말씀한 것입니다. 이 구절에서 이 둘로 자기 안에서 한 새 사람을 지어 화평하게 한다는 것의 의미는 유대인과 이방인이 그리스도 안에서 새롭게 하나가 된다는 의미인데 할례의 율법을 폐함으로써 그렇게 하였다는 것입니다.

그리스도께서 죽음으로써 폐하여진 율법이 세 가지가 있습니다. 동물제사와 할례와 사람을 죽이는 법에 관한 것입니다. 이 세 가지는 모두 피 흘림과 관련된 율법입니다. 그러나 예수께서 한 번 피를 흘림으로써 이 세 가지의 피흘림에 관한 법은 효력이 없어졌습니다. 그러므로 폐하여진 것입니다. 이 세 가지 외에는 하나님께서 하라고 한 것과 하지 말라고 한 율법이 모두 유효합니다. 다음은 율법을 십자가에 못 박아 폐하여 버린 것으로 잘못 푸는 성경 구절을 보겠습니다. 골로새서 2장 13절과 14절을 보겠습니다.

> "또 범죄와 육체의 무할례로 죽었던 너희를 하나님이 그와 함께 살리시고 우리의 모든 죄를 사하시고" "우리를 거스르고 불리하게 하는 법조문으로 쓴 증서를 지우시고 제하여 버리사 십자가에 못 박으시고" (골 2:13-14).

여기서 법조문으로 쓴 증서는 하나님의 율법을 의미하지 않습니다. 이 구절에서 말씀하는 우리를 거스르고 불리하게 하는 법조문으로 쓴 증서는 죄의 빚 증서를 의미합니다. 헬라 원어로는 케이로그라폰 (Cheirographon)이라고 하는데 이 단어의 의미는 채무증서라는 뜻입니다. 즉 예수님은 우리 죄의 채무증서를 십자가에 못 박아 없애버린 것입니다. 생각을 해보십시오. 어떻게 예수님이 하나님의 율법을 십자가에 못 박을 수 있겠습니까? 예수님이 십자가에서 못 박아 제한 것은 율법이 아니라 우리의 죄 입니다. 그리스도께서는 율법을 폐하러 온 것이 아니라 완전하게 하려고 왔습니다. 마태복음 5장 17절을 보겠습니다.

"내가 율법이나 선지자를 폐하러 온 줄로 생각하지 말라 폐하러 온 것이 아니요 완전하게 하려 함이라" (마 5:17).

그리고 율법은 천지가 없어질 때까지 일점 일획도 없어지지 않습니다. 마태복음 5장 18절을 보겠습니다.

"진실로 너희에게 이르노니 천지가 없어지기 전에는 율법의 일점 일획도 결코 없어지지 아니하고 다 이루리라" (마 5:18).

이상으로 살펴본 것 처럼 성경에는 율법이 예수님이 오므로 폐하여진 것처럼 오해할 수 있는 구절들이 있습니다. 이 외에도 더 많이 있습니다. 교회는 이것을 바르게 풀어서 가르쳐야 할 책임이 있습니다. 그러나 현대의 많은 목사들은 바르게 가르치지 못하고 있습니다. 율법은 신약성경을 모르는 유대인들이나 지키는 것이라고 이해를 합니다. 현대의 교회들은 율법을 지켜야 구원받는다고 말하는 사람을 율법주의자라고 합니다. 그러나 율법주의는 그러한 의미가 아닙니다. 율법주의자는 겉으로는 율법을 지키나 속으로는 의롭지도 않고 믿음도 없는 위선자를 가리키는 것입니다. 옛날의 바리새인들이 이에 해당하는 것입니다. 하나님을 사랑하므로 또한 구원받기 위하여 율법을 모두 지키고 그렇게 가르치는 것은 의로운 것이며 믿음이 있는 것이며 하나님께서 기뻐하는 것입니다.

성경을 잘못 풀고 있는 많은 교단과 거짓 목사들은 계명을 지켜야 구원받는다고 말하는 사람들을 이단이라고까지 표현합니다. 행위구원론이므로 이단이라는 것입니다. 이 사람들은 믿음으로 구원받는 것이므로 계명을 지키는 행위는 구원과 상관없는 것처럼 말합니다. 이 사람들은 믿음의 정의도 모르는 사람들입니다. 믿음은 심리상태나 마음으로 동의하는 것이 아닙니다. 말로 믿는다고 고백하는 것도 아닙니다. 믿음은 계명을 지키는 것입니다. 믿음은 오직 행위로만 증거를 받습니다. 하나님의 계명을 순종하여 지키는 것이 믿음입니다.

출애굽한 이스라엘 백성들이 가나안에 못 들어간 이유는 순종하지 않았기 때문인데 성경은 이것을 믿음이 없어서 구원받지 못한 것이라고 표현합니다. 히브리서 3장 18절, 19절을 보겠습니다.

> "또 하나님이 누구에게 맹세하사 그의 안식에 들어오지 못하리라 하셨느냐 곧 순종하지 아니하던 자들에게가 아니냐" "이로 보건대 그들이 믿지 아니하므로 능히 들어가지 못한 것이라" (히 3:18-19).

이 구절은 순종하지 아니한 것을 보건대 그들이 믿지 않은 것이라고 표현하고 있습니다. 순종을 믿음으로 정의하고 있는 것입니다. 즉 율법을 지켜 행하는 것이 믿음입니다. 구원받는 사람은 율법을 모두 지키는 사람입니다. 믿음과 율법을 지키는 행위를 서로 다른 것으로 이해하는 것은 성경을 잘못 풀이하는 것입니다.

다섯째로 하나님의 절기를 지키지 않아도 된다는 가르침은 잘못된 것입니다. 하나님께서는 일곱 가지의 절기를 만들어 지키라고 명령하였습니다. 이 절기들은 모두 인간의 구원과 관련된 영적인 의미가 있습니다. 하나님께서 인간들을 구원하기를 기뻐하여 만든 절기들은 지금도 폐하여지지 않았으며 지켜져야 합니다. 절기를 지킬 필요가 없는 것으로 잘 못 이해하는 성경구절을 살펴보겠습니다. 갈라디아서 4장 10절, 11절을 보겠습니다.

> "너희가 날과 달과 절기와 해를 삼가 지키니" "내가 너희를 위하여 수

고한 것이 헛될까 두려워하노라"(갈 4:10-11).

이 구절의 말씀은 하나님의 절기를 지키는 것을 책망하는 것처럼 보입니다. 많은 성경 교사들이 그렇게 해석함으로써 절기를 지킬 필요가 없다고 합니다. 절기는 예수를 모르는 유대인들이나 지키는 것으로 이해하고 가르칩니다. 그러나 이 말씀은 갈라디아에 있는 이방인들에게 보낸 편지입니다. 갈라디아는 지금의 터키 중앙에 위치한 도시이며 그 당시 로마의 통치 아래에 있었습니다. 즉 이 말씀에서 뜻하는 절기는 이방인들의 명절을 가르키는 것입니다. 어느 나라에나 명절이 있습니다. 이 당시에 이방인들의 절기는 많은 경우에 해, 달, 별들과 관련되어 있고 우리의 추석처럼 죽은 조상에게 절을 하는 명절도 있었을 것입니다. 이것은 우상숭배입니다. 그러므로 사도 바울이 이에 대하여 책망한 것입니다. 하나님의 절기를 지키는 것을 책망한 것이 아닙니다. 성경을 바르게 해석하기 위하여는 시대적 배경이나 그 당시의 특별한 상황을 이해하는 것이 중요합니다.

예수님도 절기를 지켰습니다. 누가복음 2장 41절, 42절을 보겠습니다.

> "그의 부모가 해마다 유월절이 되면 예루살렘으로 가더니" "예수께서 열 두 살 되었을 때에 그들이 이 절기의 관례를 따라 올라갔다가"(눅 2:41-42).

예수님께서 유월절을 지켰습니다. 다음은 요한복음 7장 2절과 10절, 14절을 보겠습니다.

> "유대인의 명절인 초막절이 가까운지라" (요 7:2).
> "그 형제들이 명절에 올라간 후에 자기도 올라가시되 나타내지 않고 은밀히 가시니라" (요 7:10).
> "이미 명절의 중간이 되어 예수께서 성전에 올라가사 가르치시니" (요 7:14).

예수님도 초막절을 지켰습니다. 이처럼 예수께서도 지킨 절기를 폐하였다고 가르치고 지키지 않는 것은 잘못된 것입니다. 절기는 하나님께서 제사를 받으려고 만든 것이 아닙니다. 절기는 인간의 구원을 위하여 제정한 것입니다. 절기를 지키는 것은 인간들의 구원을 예행 연습하는 의미가 있습니다. 구원을 위한 리허설입니다. 리허설이 없이 무대에 오르면 공연이 성공적으로 되지 않습니다. 그러므로 절기를 지키지 않는 교회들은 하나님이 보시기에 매우 안타까운 것입니다.

이상으로 현대 교회 안의 대표적인 거짓 가르침 몇 가지에 대하여 살펴보았습니다. 이러한 거짓 가르침의 핵심은 계명을 지키지 않아도 구원 받는다는 것이며 그것이 예수 그리스도와 하나님의 은혜라는 것입니다. 그러나 성경이 실제로 가르치는 것은 계명을 지켜야 구원받는다는 것입니다. 이러한 가르침에 대하여 교인들이 보편적으로 갖는 질문이 있습니다. 성경에 기록된 하나님께서 하라고 명한 것과 하지 말라고 금한 육백여 가지의 하나님의 계명을 사람이 어떻게 다 지킬 수 있냐는 것입니다.

그러한 질문을 하는 사람에게 나는 세상의 법에 대하여 언급을 합니다. 세상의 법은 헌법, 민법, 상법, 형사법, 교통법 등 모든 법에 포함된 법조항을 망라하면 수만 가지도 넘을 것입니다. 그런데 보통의 선량한 시민은 그 법을 모두 지킵니다. 교통 위반하는 것 말고는 법을 모두 지킵니다. 수만 가지나 되는 세상의 법도 모두 지킨다면 육백여 가지 밖에 되지 않는 하나님의 법은 더 잘 지킬 수 있지 않겠습니까? 실제로 보통의 크리스천들은 하나님의 계명 중 몇 가지만 제외하고는 거의 대부분을 지키고 있습니다.

믿는 자들이 일반적으로 지키지 않는 계명들 몇 가지를 살펴보겠습니다. 첫째, 돈을 사랑합니다. 둘째, 소유를 팔아 가난한 자를 힘써 돕지 않습니다. 셋째, 재물을 모읍니다. 넷째, 안식일이 토요일인 것을 모르고 거룩하게 지키지 않습니다. 다섯째, 하나님의 절기를 지키지 않습니다. 여섯째, 돼지고기와 비늘 없는 해물 종류를 먹습니다. 그 외에 개인 마다 계명을 지키지 않는 것의 차이가 있겠지만 보통의 신실한 크리스천들은 거의 대부분의 계명을 무의식 중에라도 지키고 있다는 것입니다.

그러나 성경은 계명을 모두 지키라고 하지 가능한 많이 지키라고 말씀하지 않습니다. 계명 중에는 상대적으로 큰 것도 있고 작은 것도 있습니다. 그것이 어떠한 것이든지 모두 지키라는 것입니다. 2퍼센트 부족하여 지옥을 가지 말라는 것입니다. 그리고 그렇게 하는 것이 어렵지 않다고 말씀합니다. 신명기 30장 11절에서 14절까지를 보겠습니다.

> "내가 오늘 네게 명령한 이 명령은 네게 어려운 것도 아니요 먼 것도 아니라" "하늘에 있는 것이 아니니 네가 이르기를 누가 우리를 위하여 하늘에 올라가 그의 명령을 우리에게로 가지고 와서 우리에게 들려 행하게 하랴 할 것이 아니요" "이것이 바다 밖에 있는 것이 아니니 네가 이르기를 누가 우리를 위하여 바다를 건너가서 그의 명령을 우리에게로 가지고 와서 우리에게 들려 행하게 하랴 할 것도 아니라" "오직 그 말씀이 네게 매우 가까워서 네 입에 있으며 네 마음에 있은 즉 네가 이를 행할 수 있느니라"(신 30:11-14).

이 구절은 하나님께서 계명을 주며 한 말씀입니다. 계명을 지키기가 어렵지 않아서 행할 수 있다고 합니다. 다음은 요한일서 5장 3절을 보겠습니다.

> "하나님을 사랑하는 것은 이것이니 우리가 그의 계명들을 지키는 것이라 그의 계명들은 무거운 것이 아니로다"(요일 5:3).

이 구절은 하나님의 계명을 지키는 것이 무겁지 않다고 말씀합니다. 이처럼 하나님께서는 계명을 지키는 것이 어렵지 않고 가볍다고 말씀하는데 목사들은 인간들이 계명을 지키기가 어려워서 예수님을 보내어 계명을 지키지 않아도 구원받을 수 있게 하였다고 가르칩니다. 나는 이렇게 말하는 주의 종을 여러 명 만났습니다. 이들이 바로 본문에서 말하는 성경을 억지로 풀다가 멸망할 자들입니다. 하나님이 쉽다고 한 것을 인간들이 어렵다고 할 수 없습니다. 이렇게 하는 것은 하나님을 거짓말 하는 이로 만드는 것입니다.

나는 계명을 지키지 않는 것이 너무 어렵고 힘듭니다. 나에게 계명을 하나라도 안 지킨다는 것은 고통입니다. 그러므로 계명을 모두 지킵니다. 그렇게 하는 것이 너무 쉽고 편안합니다. 나에게는 하나님의 말씀이 응하고 있습니다. 이것은 성령의 감동이며 계명을 모두 지킬 수 있도록 성령께서 도와줍니다. 동일한 감동과 성령의 도움이 여러분에게도 임하기를 주님의 이름으로 축복합니다.

여러분이 목사의 가르침이 바른지를 분별하기 위하여는 스스로 성경을 읽고 묵상하여 성령님의 인도를 받아야 합니다. 즉 기도와 성경 공부를 열심히 하지 않으면 무법한 목사들에게 미혹됩니다. 사도행전 17장 11절을 보겠습니다.

"베뢰아에 있는 사람들은 데살로니가에 있는 사람들보다 더 너그러워서 간절한 마음으로 말씀을 받고 이것이 그러한가 하여 날마다 성경을 상고하므로"(행 17:11).

이 사람들은 바울에게 성경을 배운 후에 그 배운 것이 바른지를 확인하기 위하여 날마다 성경을 상고하였습니다. 이 말씀은 내가 성경을 가르칠 때 교인들에게 가장 먼저 가르치는 말씀입니다. 내가 가르친 것이 맞는지 성경을 주야로 묵상하며 확인하라는 것입니다. 다른 곳에서 배울 때도 적용하라고 가르칩니다. 마지막 때 교회에 거짓 가르침과 미혹이 만연되어 있는 지금 여러분이 가장 명심하여 붙잡을 말씀 중의 하나입니다. 여러분 모두에게 이 구절에 소개된 베뢰아 사람들의 지혜가 있기를 예수 그리스도의 이름으로 축원합니다.

"그 때에 내가 본즉 유다에서 어떤 사람이 안식일에 술틀을 밟고 곡식단을 나귀에 실어 운반하며 포도주와 포도와 무화과와 여러 가지 짐을 지고 안식일에 예루살렘에 들어와서 음식물을 팔기로 그 날에 내가 경계하였고" "또 두로 사람이 예루살렘에 살며 물고기와 각양 물건을 가져다가 안식일에 예루살렘에서도 유다 자손에게 팔기로" "내가 유다의 모든 귀인들을 꾸짖어 그들에게 이르기를 너희가 어찌 이 악을 행하여 안식일을 범하느냐" "너희 조상들이 이같이 행하지 아니하였느냐 그래서 우리 하나님이 이 모든 재앙을 우리와 이 성읍에 내리신 것이 아니냐 그럼에도 불구하고 너희가 안식일을 범하여 진노가 이스라엘에게 더욱 심하게 임하도록 하는도다 하고" "안식일 전 예루살렘 성문이 어두워 갈 때에 내가 성문을 닫고 안식일이 지나기 전에는 열지 말라 하고 나를 따르는 종자 몇을 성문마다 세워 안식일에는 아무 짐도 들어오지 못하게 하였으므로" "장사꾼들과 각양 물건 파는 자들이 한두 번 예루살렘 성 밖에서 자므로" "내가 그들에게 경계하여 이르기를 너희가 어찌하여 성 밑에서 자느냐 다시 이같이 하면 내가 잡으리라 하였더니 그 후부터는 안식일에 그들이 다시 오지 아니하였느니라" "내가 또 레위 사람들에게 몸을 정결하게 하고 와서 성문을 지켜서 안식일을 거룩하게 하라 하였느니라 내 하나님이여 나를 위하여 이 일도 기억하시옵고 주의 크신 은혜대로 나를 아끼시옵소서"

느헤미야 13:15-22

미혹하는 목사

7
안식일을 바르게 지키고 가르치라

하나님은 이스라엘 백성이 안식일을 범할 때 재앙을 내렸습니다. 안식일을 거룩하게 지키는 것은 십계명 중에 네 번째 계명으로 반드시 지켜야 할 중요한 계명인데 지키지 않음으로 당연히 심판을 받는 것입니다. 십계명은 중요한 순서대로 나열되어 있습니다. 그러므로 안식일에 관한 계명은 살인하지 말라는 여섯째 계명보다 더 중요하고 잘 지켜져야 할 계명인 것입니다. 하나님께서 이스라엘의 죄를 심판할 때 우상 숭배 다음으로 심각하게 여기고 심판한 것이 안식일을 범한 죄입니다. 그러므로 본문 18절은 안식일을 범하므로 하나님께서 이스라엘에 이 모든 재앙을 내렸다고 말씀하는 것입니다.

이 구절에서 주목할 단어 중에 하나는 "이 모든 재앙" 입니다. 이스라엘에 많은 재앙이 있었는데 그러한 모든 재앙이 안식일을 범하여서 발생한 것이라고 말씀하는 것입니다. 즉 다른 죄들도 있지만 그 중에서도 가장 핵심적인 죄가 안식일을 범한 죄라는 것입니다. 그리하여 느헤미야는 이스라엘 백성들에게 안식일을 계속 범하면 재앙이 더욱 심할 것이라고 경고하고 있습니다.

지금 느헤미야는 허물어진 예루살렘 성벽을 재건한지 십이 년 만에 다시 돌아와서 예루살렘을 개혁하고 있는데 그 개혁의 핵심이 안식일을 다시 회복하는 것입니다. 무너진 예루살렘 성벽은 보수되었으나 안식일의 계명은 아직도 지켜지지 않고 있으므로 하나님께서는 느헤미야를 다시 보내어 훼파된 안식일을 회복하려는 것입니다.

하나님께서는 본문 말씀 외에도 이스라엘이 안식일을 지키지 않는 것을 여러 차례 책망하였습니다. 오십 차례가 넘게 안식일을 거룩하게 지킬 것을 명하였습니다. 그 중에서 몇 구절을 보겠습니다. 출애굽기 31장 14절입니다.

"너희는 안식일을 지킬지니 이는 너희에게 거룩한 날이 됨이니라 그 날을 더럽히는 자는 모두 죽일지며 그 날에 일하는 자는 모두 그 백성 중에서 그 생명이 끊어지리라" (출 31:14).

다음은 예레미야 17장 27절입니다.

"그러나 만일 너희가 나를 순종하지 아니하고 안식일을 거룩되게 아니하여 안식일에 짐을 지고 예루살렘 문으로 들어오면 내가 성문에 불을 놓아 예루살렘 궁전을 삼키게 하리니 그 불이 꺼지지 아니하리라 하셨다 할지니라 하시니라"(렘 17:27).

다음은 에스겔 20장 13절입니다.

"그러나 이스라엘 족속이 광야에서 내게 반역하여 사람이 준행하면 그로 말미암아 삶을 얻을 나의 율례를 준행하지 아니하며 나의 규례를 멸시하였고 나의 안식일을 크게 더럽혔으므로 내가 이르기를 내가 내 분노를 광야에서 그들에게 쏟아 멸하리라 하였으나"(겔 20:13).

이상으로 살펴본 것처럼 하나님께서는 안식일을 매우 엄중하게 다룹니다. 안식일에 일을 할 때 생명이 끊어지고 예루살렘 성이 불타게 되고 진노함으로 이스라엘을 멸하는 것입니다.

다음은 안식일에 일을 한 사람이 실제로 죽임당한 예를 보겠습니다. 민수기 15장 32절에서 36절까지를 보겠습니다.

"이스라엘 자손이 광야에 거류할 때에 안식일에 어떤 사람이 나무하는 것을 발견한지라" "그 나무하는 자를 발견한 자들이 그를 모세와 아론과 온 회중 앞으로 끌어왔으나" "어떻게 처치할지 지시하심을 받지 못한 고로 가두었더니" "여호와께서 모세에게 이르시되 그 사람을 반드시 죽일지니 온 회중이 진영 밖에서 돌로 그를 칠지니라"
"온 회중이 곧 그를 진영 밖으로 끌어내고 돌로 그를 쳐죽여서 여호와께서 모세에게 명령하신 대로 하니라"(민 15:32-36).

이 사람은 나무를 해서 팔려고 하였는지 불을 때려고 하였는지 모르지만 안식일에 나무를 하였는데 그 벌로 돌에 맞아 죽었습니다. 안식일을 범하는 자는 반드시 죽이라는 하나님의 계명을 실제의 상황으로 보여준 사건입니다. 그렇다면 안식일을 지키지 않는 것이 왜 이렇게 생명을 잃을 정도로 심각한 죄인지 또한 왜 이처럼 안식일을 지키는 것이 중요한지 그 이유를 살펴보겠습니다. 출애굽기 31장 13절을 보겠습니다.

"너는 이스라엘 자손에게 말하여 이르기를 너희는 나의 안식일을 지키라 이는 나와 너희 사이에 너희 대대의 표징이니 나는 너희를 거룩하게 하는 여호와인 줄 너희가 알게 함이라"(출 31:13).
"또 나의 안식일을 거룩하게 할지어다 이것이 나와 너희 사이에 표징이 되어 내가 여호와 너희 하나님인 줄을 너희가 알게 하리라 하였노라"(겔 20:20).

이 두 구절은 안식일을 거룩하게 지키라고 명령한 이유가 여호와께서는 우리를 거룩하게 하는 여호와이며 우리의 하나님인 줄을 알게 하려고 안식일을 지키라고 명하였다고 합니다. 이처럼 하나님께서는 자신이 우리의 하나님 된다는 사실과 우리 인간을 거룩하게 하는 분이라는 것을 나타내려 합니다. 그렇게 하려고 안식일을 만들어 지키게 하는 것입니다.

안식일을 지켜야 하는 또 다른 이유를 찾아보겠습니다. 신명기 5장 15절을 보겠습니다.

> "너는 기억하라 네가 애굽 땅에서 종이 되었더니 네 하나님 여호와가 강한 손과 편 팔로 거기서 너를 인도하여 내었나니 그러므로 네 하나님 여호와가 네게 명령하여 안식일을 지키라 하느니라"(신 5:15).

이 구절은 하나님께서 애굽에서 종노릇하던 이스라엘을 구원하였기 때문에 안식일을 지키라고 말씀합니다. 언뜻 보기에 애굽에서 구원한 것과 안식일은 서로 상관이 없어 보입니다. 그럼에도 안식일을 지켜야하는 이유를 애굽에서 이스라엘을 구원하였기 때문이라고 말씀합니다. 그렇다면 이것은 무슨 의미이겠습니까? 이것은 안식일이 여호와께서 구원주인 사실을 기억하는 날로서의 의미가 있다는 것입니다. 구원주인 여호와께서 영원한 안식으로 인도하는 것이므로 애굽에서 구원한 일과 안식일은 관련이 되는 것입니다. 다시 정리하면 여호와께서는 우리를 영원한 안식으로 인도하는 구원주인 사실을 깨닫게 하기 위하여 안식일을 거룩하게 지키라고 명하는 것입니다.

창세기 2장 2절, 3절은 하나님께서 세상을 창조하고 일곱째 날에 안식한 것을 보여줍니다.

"하나님이 그가 하시던 일을 일곱째 날에 마치시니 그가 하시던 모든 일을 그치고 일곱째 날에 안식하시니라" "하나님이 그 일곱째 날을 복되게 하사 거룩하게 하셨으니 이는 하나님이 그 창조하시며 만드시던 모든 일을 마치시고 그 날에 안식하셨음이니라" (창 2:2-3).

이 말씀은 우리가 일곱째 날에 안식해야 하는 근거를 보여줍니다. 그것은 하나님께서 일곱째 날에 안식하였으므로 우리도 칠일 째에 안식해야 한다는 것입니다. 그리고 하나님께서 복되게 한 날은 칠 일 중에 일곱째 날밖에 없습니다. 또한 숫자 6과 7의 성경적 의미를 적용하면 육일 간 한 일은 불완전한 것인데 칠일 째 쉼으로 온전하고 완벽하게 하는 의미가 있다는 것을 알 수 있습니다. 그러므로 안식일을 지키는 것은 완벽하게 세상을 지은 창조주 하나님을 기억하는 복된 날로서의 의미가 있는 것입니다.

이상으로 하나님께서 안식일을 거룩하게 지키라고 명령하는 이유와 근거에 대하여 살펴 보았습니다. 이것을 다시 정리하면 첫째, 여호와 하나님은 우리를 거룩하게 하는 하나님인 것과 둘째로, 구원주 하나님인 것과 셋째로 창조주 하나님인 것을 기억하라는 의미로 안식일을 거룩히 지키라고 명령하는 것입니다. 이것은 우선적으로 하나님의 거룩함에 관한 것이며 동시에 인간들의 영원한 안식에 관한 것입니다. 하나님께서는 중요한 두 가지 진리, 즉 하나님의 거룩함을 나타내고 동시에 인간을 구원하는 일을 안식일을 지키게 함으로 성취하려는 것입니다. 이러한 안식일에 대한 영적인 의미를 이해한다면 안식일이 왜 이처럼 중요하고 엄격하게 지켜져야 하는지에 대하여 깨달을 수 있는 것입니다.

이처럼 중요한 안식일 엄수가 현대의 교회에서는 거의 지켜지지 않고 있습니다. 여기에는 두 가지의 큰 원인이 있습니다. 첫째는 안식일이 언제인지를 바르게 알지 못하는 것이며 둘째는 안식일을 지켜야하는 중요성과 의미를 모르고 있기 때문입니다. 우선 안식일이 언제인지에 대하여 나누어 보겠습니다. 안식일은 일주일의 마지막 날인 토요일입니다. 어떤 사람은 토요일이 일곱째 날인지는 창조 때부터 따져보지 않으면 알 수 없는 일이라고 말합니다. 즉 언제가 칠 일째인지 확실하지 않으므로 어차피 바르게 지킬 수 없다는 논리입니다.

그러나 천지가 창조된지 이천오백 년 후인 모세의 때에도, 사천 년 후인 예수님의 시대에도 안식일을 지켰습니다. 성경은 안식일을 제 날에 바르게 지키지 않은 것을 기록하지 않았을 것입니다. 그리고 인간들이 안식일을 바른 날에 지키기를 원하는 하나님께서 그 날이 언제인가를 알게 하였을 것이라는 것은 당연한 일입니다. 그리고 초대교회 이후로도 유대인들이나 기독교인들은 안식일이 언제인지를 알고 지켜 왔으며 현대의 달력에도 반영되어 온 것입니다. 달력도 한 주일을 일요일부터 시작하며 토요일이 일곱째 날로 표시되어 있습니다.

또한 현재의 일요일을 주일이라고 부르는데 그 이유는 그 날이 주님이 부활한 날이므로 그렇게 부르는 것은 모두가 아는 사실입니다. 그런데 성경은 주님께서 안식일 후 첫 날에 부활하였다고 말씀합니다. 그러므로 안식일은 일요일 전 날인 토요일인 것입니다. 토요일이 일곱째 날이라는 사실을 길게 설명한 이유는 안식일을 일요일로 틀리게 지키는 사람들이 어차피 토요일이 일곱째 날인지 확실하지 않으므로 일요일을 안식일로 지켜도 무방하다는 억지 논리를 주장하기 때문입니다. 안식일을 알게 할 때 여호와의 팔이 짧아지지 않았습니다. 즉 토요일이 안식일인 것은 진리입니다. 더 정확하게 말하면 금요일 해 진 후부터 토요일 해지기 전까지가 안식일입니다. 왜냐하면 하나님의 달력은 달이 뜨는 저녁부터 하루가 시작하기 때문입니다.

또 어떤 사람들은 안식일이 일요일로 바뀌었다고 말합니다. 그러나 그것은 성경적 근거가 없습니다. 예수님이 일요일에 부활하였다고 일요일이 안식일로 바뀌지 않았습니다. 안식일이 일요일로 여겨지게 된 것은 로만 가톨릭때문입니다. 일요일 안식일은 주후 321년 로마 황제 콘스탄틴이 일요일을 법정 공휴일로 만든 것에서 시작된 것입니다. 그 후로는 믿는 사람들이 토요일을 안식일로 지키기 어렵게 되었고 일요일에 쉬면서 예배를 드리게 됨으로 안식일이 일요일인 것처럼 전통이 되어버린 것인데 그 전통이 교회에 들어와 지금까지 이어져 온 것입니다.

교회에서 안식일에 대하여 바르게 가르치지 않는 것에는 두 가지 이유가 있습니다. 첫째는 목사가 안식일이 일요일인 것으로 잘 못 알기 때문입니다. 이러한 목사들은 눈이 가리어져 있는 것이고 미혹된 것입니다. 목사가 알지 못하는 것을 교인들에게 가르칠 수는 없을 것입니다. 둘째는 토요일이 안식일인 것은 아는데 이단으로 간주되고 교인들이 떠날까 두려워 가르치지 않는 것입니다. 이 목사들은 안식일이 일요일인 것으로 잘 못 알고있는 목사들 보다 하나님이 보기에 더 악한 것입니다. 목사들은 알든 모르든 토요일 안식일을 지킵니다. 왜냐하면 그 날은 대부분의 목사들이 주일 설교를 준비하느라 일이나 오락을 거의 하지 않을 것이기 때문입니다. 자신은 토요일 안식일을 지키면서 교인들을 가르치지 않는 것은 위선입니다.

일요일이 안식일인 것으로 잘못 알고 있는 목사들은 안식일에 대한 성경공부를 더 하십시오. 이 설교도 안식일 공부에 도움이 될 것입니다. 또한 나의 설교 8번 "토요일 안식일을 회복하라"를 들어 보십시오. 유익할 것입니다. 그리고 토요일 안식일을 스스로는 알고 지키면서 교인들에게는 가르치지 않는 목사들은 이제 회개하고 용기를 내십시오. 나의 목회 경험은 토요일 안식일을 가르칠 때에 교인 한 사람도 떠나지 않았고 이단이라는 소리를 들은 적도 없고 모두 안식일에 대하여 바르게 배운 것에 감사하였습니다. 그리고 토요일에 일하던 사람들이 일을 중단하였습니다. 진리를 바르게 가르치니 성령께서 도운 것입니다.

토요일 안식일을 가르치면서 한 가지 놀란 것은 교인들로부터 자신의 친구 크리스천에게 토요일 안식일인 것을 이야기 했더니 그 친구는 이미 그렇게 알고 지키고 있다고 한 사실입니다. 이러한 고백을 한 교인이 두 사람이나 있었습니다. 이 사람들은 아마도 교회에서 드러내고 토요일 안식일은 말하지 않을지라도 은밀히 지키고 있었던 것으로 여겨집니다. 예루살렘에서는 이러한 사람들을 많이 만났습니다. 이들은 유대인이 아님에도 토요일 안식일을 지키고 있었습니다.

또한 이 사람들은 대부분 공통적으로 안식일이 토요일인 것을 교회에서 배운 것이 아니라 성경을 읽고 스스로 깨달아서 지킨다고 말을 합니다. 이러한 이야기를 하는 이유는 지금은 여러분이 생각하는 것보다 훨씬 많은 크리스천들이 토요일이 안식일인 것을 깨닫고 지키고 있다는 사실을 알게 하려는 것입니다. 그러니 목사들은 토요일 안식일을 바르게 가르치고 행하는데 고민하거나 주저하지 마십시오.

또 한가지 심각한 문제가 있습니다. 그것은 안식일이 토요일인 것을 아는 목사들도 그 날을 바르게 지키지 않는 것을 큰 죄로 여기지 않는다는 것입니다. 심지어 예수님은 안식일을 지키지 않았다고 말하는 목사도 있습니다. 그러나 예수님께서 안식일에 행한 것은 모두 안식일에 행하여도 되는 일들이었습니다. 이처럼 성경을 잘 못 풀면 망할 수밖에 없습니다. 토요일이 안식일인 것과 안식일을 범하는 것이 죽을 죄라는 것을 깨닫지 못한다면 여러분은 가장 불쌍한 사람들인 것입니다.

예수 그리스도께서 흘린 피로 인하여 지금은 사람이 사람을 죽이는 법은 폐하여졌습니다. 모두가 예수의 피로 산바 되었기 때문입니다. 그러므로 안식일을 어기는 자를 죽일 수는 없습니다. 그럼에도 불구하고 안식일을 거룩하게 지켜야하는 법 정신은 그대로 살아있습니다. 죄의 무게도 가벼워지지 않았습니다. 안식일을 범하는 죄는 살인죄 보다 더 크게 인정한 십계명도 바뀌지 않았습니다. 다만 바뀐 것은 이 땅에서 당장의 죽임만 면하는 것입니다. 그러나 마지막에 반드시 심판받는다는 사실은 바뀌지 않았습니다.

수년 전 안식일에 대한 설교를 준비할 때 하나님께서 준 말씀은 아직도 잊을 수가 없습니다. 그 때에 하나님께서는 이렇게 말씀 하였습니다. 마지막 때가 가까움으로 믿는 자들이 안식일을 다시 회복할 수 있도록 토요일을 공휴일로 만들었다는 것이었습니다. 그 말을 들었을 때 나는 매우 큰 감동을 받았습니다. 왜냐하면 하나님께서는 사람들이 세상 법으로 인해 안식일을 거룩하게 지키기가 어려운 사실을 안타깝게 여기고 있는 것을 깨달았기 때문입니다. 이처럼 하나님께서는 사람들이 안식일을 거룩하게 지킬 수 있기를 간절히 소망하고 있습니다. 그리하여 세상 법까지 고친 것입니다.

미국은 약 80년 전에 한국은 10여년 전에 토요일을 휴일로 제정하였습니다. 미국이나 한국 등 많은 국가들이 토요일과 일요일을 휴일로 지키며 이스라엘과 중동 국가들은 금요일과 토요일이 휴일입니다. 양편 모두 공통적으로 토요일이 휴일인 것을 보아도 하나님께서 토요일을 휴일로 제정한 것이 안식일과 관련이 있다는 것을 반증하는 것이기도 합니다.

본문에는 안식일이라는 단어가 아홉 번이나 언급되어 있습니다. 그리고 안식일을 범하는 것을 두 종류로 구분하여 보여주고 있습니다. 하나는 노동을 하는 것이고 하나는 장사를 하는 것입니다. 술틀을 밟고 곡식단과 포도주 등 여러가지 짐을 지고 예루살렘으로 들어오는 것은 노동입니다. 음식물과 물고기와 각종 물건을 파는 것은 장사하는 것입니다. 이들은 이 두 가지의 행위로서 여호와의 거룩한 안식일을 더럽힌 것입니다. 그리하여 느헤미야는 이들을 책망하고 안식일에 예루살렘 성문을 잠그고 그 주변에서 서성대는 자들까지도 쫓아버렸습니다. 이처럼 안식일의 법은 모세의 때에도 느헤미야의 때에도 변하지 않았습니다. 예수님의 시대에도 변하지 않았습니다.

따라서 이 법은 지금의 교회에도 적용되어야 합니다. 믿는 자들은 토요일에 직장에 출근하지 않아야 하며 사업이나 장사를 하지 않아야 합니다. 또한 토요일에는 물건 사는 것과 사적인 외식을 금하고 대청소 같은 큰 집안 일은 하지 않아야 하는 것입니다. 목사는 이것을 교회에서 가르쳐야합니다. 그렇게하는 것이 목사도 살고 교인들도 사는 길입니다. 토요일에 일하지 않는 것

하나 지키지 못해 이스라엘은 그렇게 재앙 속에서 신음했으며 지금의 교회도 같은 상황 아래에 놓여있습니다.

한국의 목사들은 언제까지 우물쭈물하고 있을 것입니까? 엘리야가 이스라엘 백성에게 한 말을 들어보십시오.

"엘리야가 모든 백성에게 가까이 나아가 이르되 너희가 어느 때까지 둘 사이에서 머뭇머뭇 하려느냐 여호와가 만일 하나님이면 그를 따르고 바알이 만일 하나님이면 그를 따를지니라 하니 백성이 말 한마디도 대답하지 아니하는지라"(왕상 18:21).

여러분은 로만 가톨릭이 만든 일요일 안식일을 따를지 여호와 하나님의 토요일 안식일을 따를지 결정하십시오. 어느 때까지 둘 사이에서 머뭇머뭇 하겠습니까? 열왕기상 18장 22절을 보겠습니다.

"엘리야가 백성에게 이르되 여호와의 선지자는 나만 홀로 남았으나 바알의 선지자는 사백오십 명이로다"(왕상 18:22).

지금 토요일 안식일을 바르게 가르치는 목사 한 명에 일요일 안식일을 지키는 목사가 450명입니다. 이것이 한국 교회의 비통한 현실입니다. 그러므로 하나님께서 본문 17절 말씀으로 꾸짖고 있습니다.

II. 미혹하는 목사

"내가 유다의 모든 귀인들을 꾸짖어 그들에게 이르기를 너희가 어찌 이 악을 행하여 안식일을 범하느냐"(느 13:17).

안식일을 범하는 책임이 우선은 유다의 모든 귀인들, 즉 지도자들에게 있는 것입니다. 지금으로 말하면 목사들입니다. 교인들이 안식일을 범하는 것의 우선 책임은 목사들에게 있으므로 지금 여호와께서 이 설교를 통하여 그들을 꾸짖고 있는 것입니다.

이미 토요일 안식일을 잘 지키는 분들은 주변에 동지가 없다고 너무 실망하지 마십시오. 열왕기상 19장 18절 말씀으로 위로를 받으십시오.

"그러나 내가 이스라엘 가운데에 칠천 명을 남기리니 다 바알에게 무릎을 꿇지 아니하고 다 바알에게 입맞추지 아니한 자니라"(왕상 19:18).

여러분 말고도 칠천 명이 더 있습니다. 나는 이런 사람들을 많이 만났고 내가 가르친 사람들은 대부분 안식일을 바르게 지키고 있습니다. 안식일을 범하며 온전히 순종한다고 말할 수 없습니다. 안식일을 더럽히며 부흥을 기대할 수 없습니다. 이제 한국의 교회들은 느헤미야가 안식일을 회복하는 대 개혁을 하였듯이 안식일을 바르게 회복하는 개혁으로 교회도 부흥하고 대한민국에 하나님의 진노가 더욱 심해지지 않도록 하십시오. 여러분이 교회에서 안식일을 바르게 가르칠 때 여러분은 하나님께 담대히 복을 구할 자격을 갖게 됩니다. 본문 22절을 보겠습니다.

> "내가 또 레위 사람들에게 몸을 정결하게 하고 와서 성문을 지켜서 안식일을 거룩하게 하라 하였느니라 내 하나님이여 나를 위하여 이 일도 기억하시옵고 주의 크신 은혜대로 나를 아끼시옵소서" (느 13:22).

느헤미야는 자신이 안식일을 거룩하게 지킬 것을 가르친 것으로 인하여 하나님께 은혜와 복을 구하고 있는 것입니다. 여러분도 똑같이 할 수 있습니다. 교인들에게 안식일을 바르게 가르치고 은혜와 복을 구하십시오. 응답할 것입니다. 가장 큰 복은 여러분과 여러분의 양들이 온전히 거룩해지고 구원받는 것이 될 것입니다. 우리의 구원을 위하여 토요일을 휴일로까지 제정한 하나님께 감사하며 목사든 교인이든 토요일 안식일을 거룩하게 지키며 가르치게 되기를 우리 주 예수 그리스도의 이름으로 축복합니다.

느헤미야 13장 17절, 18절 말씀 중 이스라엘을 한국으로, 귀인을 목사로 바꾸어 읽으며 설교를 마치겠습니다.

> "내가 유다(한국)의 모든 귀인(목사)들을 꾸짖어 그들에게 이르기를 너희가 어찌 이 악을 행하여 안식일을 범하느냐" "너희 조상들이 이

같이 행하지 아니하였느냐 그래서 우리 하나님이 이 모든 재앙을 우리와 이 성읍에 내리신 것이 아니냐 그럼에도 불구하고 너희가 안식일을 범하여 진노가 이스라엘(대한민국)에게 더욱 심하게 임하도록 하는도다 하고"(느 13:17-18).

"보라 여호와께서 불에 둘러싸여 강림하시리니 그의 수레들은 회오리바람 같으리로다 그가 혁혁한 위세로 노여움을 나타내시며 맹렬한 화염으로 책망하실 것이라" "여호와께서 불과 칼로 모든 혈육에게 심판을 베푸신즉 여호와께 죽임 당할 자가 많으리니" "스스로 거룩하게 구별하며 스스로 정결하게 하고 동산에 들어가서 그 가운데에 있는 자를 따라 돼지고기와 가증한 물건과 쥐를 먹는 자가 다 함께 망하리라 여호와의 말씀이니라"

이사야 66:15-17

미혹하는 목사

8
거룩한 섭생

하나님의 성전인 몸을 더럽히는 길은 두 가지가 있습니다. 하나는 음란이고 다른 하나는 먹는 것입니다. 음란은 겉을 더럽히고 먹는 것은 안을 더럽힙니다. 밖을 더럽히나 안을 더럽히나 더럽히는 죄는 동일합니다. 즉 부정한 것을 먹는 죄가 음란의 죄보다 작지 않다는 것입니다. 그러나 사람들은 음란이 죄인 줄은 알면서 부정한 고기를 먹는 것은 죄로 여기지 않습니다.

믿는 자들이 하나님께서 금한 것을 먹는 이유 중 첫째는 성경을 잘못 풀었기 때문입니다. 신약 성경에 소개된 먹는 것에 관한 가르침을 잘못 해석함으로써 하나님께서 금한 것을 먹는 것입니다. 두 번째 이유는 식탐입니다. 삼겹살을 너무 좋아하므로 돼지고기를 먹지 말라는 계명이 가볍게 여겨지는 것입니다. 오징어볶음이 너무 맛있으므로 비늘 없는 수중 생물을 먹으면 하나님께 가증한 것이라는 경고가 눈에 들어오지 않는 것입니다. 이처럼 성경에 대한 무지와 마음 속의 식탐은 진리를 훼방합니다.

본문은 여호와께서 강림하여 칼과 불로 심판하실 것을 말씀하고 있습니다. 강림하여 심판한다는 것은 마지막 때의 심판을 의미하는 것입니다. 이러한 불과 칼의 마지막 심판이 있을 때에 돼지고기와 가증한 것들을 먹는 자들도 함께 멸망당할 것이라고 말씀합니다. 즉 돼지고기를 먹는 것이 작은 죄가 아닙니다.

본문의 또 다른 중요한 점은 돼지고기를 먹는 자들도 스스로는 거룩하다고 여긴다는 것입니다. 즉 다른 면에서는 거룩하였는데 여호와께서 금한 돼지고기와 가증한 것을 먹은 것입니다. 다음은 이사야 65장 4절에서 6절까지를 보겠습니다.

"그들이 무덤 사이에 앉으며 은밀한 처소에서 밤을 지내며 돼지고기를 먹으며 가증한 것들의 국을 그릇에 담으면서" "사람에게 이르기를 너는 네 자리에 서 있고 내게 가까이 하지 말라 나는 너보다 거룩함이라 하나니 이런 자들은 내 코의 연기요 종일 타는 불이로다" "보라 이것이 내 앞에 기록되었으니 내가 잠잠하지 아니하고 반드시 보응하되 그들의 품에 보응하리라" (사 65:4-6).

이 구절도 돼지고기와 가증한 것을 먹는 자들을 하나님이 반드시 보응할 것이라고 합니다. 돼지고기를 먹는 죄가 엄중하므로 이사야 65장과 66장에 연속하여 두 번이나 경고하는 것입니다.

그런데 이들은 부정한 것을 먹으면서도 자신들이 다른 사람보다 더 거룩하다고 자부하고 있습니다. 이런 사람들은 현대의 교회를 거울처럼 반영하고 있습니다. 교회 안에서 교인들이 예배 후에 돼지고기와 기타 금한 것들을 먹습니다. 예배 후뿐만 아니라 매일 먹습니다. 그리하여 몸을 더럽힙니다. 이런 사람들도 거룩함을 말하고 스스로를 거룩하다고 여깁니다. 그러나 다른 모든 행실이 거룩하여도 먹는 것으로 육체를 더럽히면 결코 온전한 거룩함에는 이르지 못합니다.

하나님께서는 인간이 먹을 수 있는 것과 먹을 수 없는 것을 정해 놓았습니다. 이것은 하나님의 계명입니다. 이 계명은 너무 중요하여 레위기 11장에 무려 마흔일곱 구절을 할애하여 자세히 설명해놓았습니다. 그 중 핵심이 되는 가르침 몇 가지를 살펴보겠습니다. 우선 먹을 것과 먹지 못할 것을 구분한 이유를 살펴보겠습니다. 레위기 11장 44절에서 47절까지를 보겠습니다.

> "나는 여호와 너희의 하나님이라 내가 거룩하니 너희도 몸을 구별하여 거룩하게 하고 땅에 기는 길짐승으로 말미암아 스스로 더럽히지 말라" "나는 너희의 하나님이 되려고 너희를 애굽 땅에서 인도하여 낸 여호와라 내가 거룩하니 너희도 거룩할지어다" "이는 짐승과 새와 물에서 움직이는 모든 생물과 땅에 기는 모든 길짐승에 대한 규례니" "부정하고 정한 것과 먹을 생물과 먹지 못할 생물을 분별한 것이

니라"(레 11:44-47).

이 구절은 인간의 섭생이 여호와의 거룩함과 관련이 있다고 말씀합니다. 우리의 몸을 거룩하게 하기 위하여 먹을 것과 먹지 말 것을 분별하였지만 궁극적으로는 하나님께서 거룩히 여김을 받기 위하여 그렇게 한 것입니다.

다음은 먹지 말아야 하는 고기와 먹어도 되는 고기의 종류에 대하여 살펴보겠습니다. 레위기 11장 4절을 보겠습니다.

"새김질하는 것이나 굽이 갈라진 짐승 중에도 너희가 먹지 못할 것은 이러하니 낙타는 새김질은 하되 굽이 갈라지지 아니하였으므로 너희에게 부정하고"(레 11:4).

이 말씀은 되새김질을 하지 않는 동물과 굽이 갈라지지 않은 짐승은 부정하므로 먹지 말라고 합니다. 여기에 해당되는 대표적인 짐승이 돼지입니다. 그 외에 말과 낙타와 토끼도 이에 해당하므로 먹지 않아야 합니다. 특별히 돼지는 이방 제사의 제물로 가장 많이 사용되며 제일 더러운 짐승입니다. 성경에서도 가증한 짐승의 상징으로 인용됩니다.

다음은 레위기 11장 27절을 보겠습니다.

"네 발로 다니는 모든 짐승 중 발바닥으로 다니는 것은 다 네게 부정하니 그 주검을 만지는 자는 저녁까지 부정할 것이며"(레 11:27).

발바닥으로 다니는 것의 의미는 발에 굽이 없는 동물을 뜻합니다. 여기에 해당하는 것은 개, 고양이와 대부분의 야생 육식 동물들입니다. 포유류 중에 먹을 수 있는 대표적인 것들은 소, 양, 염소, 사슴, 노루 등이며 이들은 되새김도 하고 굽도 갈라진 짐승들입니다.

다음은 레위기 11장 10절을 보겠습니다.

"물에서 움직이는 모든 것과 물에서 사는 모든 것 곧 강과 바다에 있는 것으로서 지느러미와 비늘 없는 모든 것은 너희에게 가증한 것이라"(레 11:10).

이 말씀은 수중 생물 중에 비늘과 지느러미가 없는 모든 종류를 먹지 말라는 것입니다. 여기에는 생선이 아닌 모든 것이 포함됩니다. 즉 오징어, 새우, 조개 등 물고기를 제외한 모든 해물을 먹지 말아야 합니다. 생선 중에서도 장어, 미꾸라지, 홍어 등은 비늘이 없으므로 먹지 말아야 합니다. 그러나 멸치, 조기, 꽁치, 대구등은 비늘과 지느러미가 있으므로 먹을 수 있습니다.

먹지 못할 새의 종류는 레위기 11장 13절에서 19절까지를 참고하고 여기서는 먹을 수 있는 조류만 소개하겠습니다. 그들은 닭, 오리, 거위, 메추리, 참새, 비둘기, 칠면조 등입니다.

다음은 레위기 11장 21절에서 23절까지를 보겠습니다.

"다만 날개가 있고 네 발로 기어 다니는 모든 곤충 중에 그 발에 뛰는 다리가 있어서 땅에서 뛰는 것은 너희가 먹을지니" "곧 그 중에 메뚜기 종류와 베짱이 종류와 귀뚜라미 종류와 팥중이 종류는 너희가 먹으려니와" "오직 날개가 있고 기어다니는 곤충은 다 너희가 혐오할 것이니라" (레 11:21-23).

날개가 있고 기어다니는 곤충은 모두 먹지 않아야 합니다. 그러나 날개가 있고 뛰는 곤충은 먹을 수 있습니다. 그것들은 메뚜기, 베짱이, 귀뚜라미 등입니다.

다음은 레위기 11장 41절, 42절을 보겠습니다.

"땅에 기어 다니는 모든 길짐승은 가증한즉 먹지 못할지니" "곧 땅에 기어다니는 모든 기는 것 중에 배로 밀어 다니는 것이나 네 발로 걷는 것이나 여러 발을 가진 것이라 너희가 먹지 말지니 이것들은 가증함이니라" (레 11:41-42).

땅에서 기어 다니는 모든 짐승을 먹지 말라고 합니다. 여기에는 쥐와 뱀, 도마뱀 등 모든 파충류와 바퀴벌레, 거미, 지렁이 등 기어다니는 벌레가 모두 포함됩니다.

이상으로 먹어도 되는 것과 먹지 말라고 금한 동물의 종류들에 대하여 자세히 살펴 보았습니다. 먹지 말라고 한 동물의 특징은 더럽다는 것입니다. 돼지가 더러운 것은 이미 언급하였고, 비늘이 없는 생선은 몸에 기생충이 많아 더럽습니다. 기타 해물 종류는 대부분 물밑 바닥에서 쓰레기를 먹고 살므로 부정한 것입니다. 먹지 말라고 한 새들은 대부분 죽은 고기를 주식으로 먹으므로 더럽습니다. 땅에 기어다니는 짐승들은 몸을 내내 더러운 땅에 대고 있으므로 깨끗하지 않은 것입니다. 거룩한 하나님께서는 우리가 깨끗지 않은 것을 먹음으로써 몸을 더럽히는 것을 원치 않으십니다. 그러므로 철저히 구별하여 먹지 말라는 것이며 이를 어길 때 보응하는 것입니다.

그렇다면 이처럼 엄격하게 제정된 섭생에 대한 법을 현대의 교인들이 지키지 않는 이유는 무엇일까요? 그 이유는 교회에서 바르게 배운적이 없기 때문입니다. 교회는 무엇이든지 믿음으로 먹을 수 있다고 가르칩니다. 어떤 사람들은 음식을 구분하는 것은 유대인들의 식사법인데 유대인들은 신약을 몰라서 그렇게 하는 것이라고 말하기도 합니다. 이처럼 대부분의 교회가 하나님의 음식법을 무시하지만 이 법을 지키는 크리스천들도 있습니다. 저는 이러한 사람들을 가끔 만납니다. 이들의 공통점은 음식법에 대한 진리를 성경을 읽고 스스로 깨달았지 교회에서 배우지 않았다는 사실입니다. 이처럼 신학을 배운 목사들은 음식법을 잘못 알고 있는데 오히려 신학을 모르는 교인들은 바르게 이해하고 있다는 사실은 매우 역설적인 교회의 현실입니다.

지금부터는 모든 고기를 먹어도 되는 것처럼 잘못 해석하는 성경 구절들을 살펴보며 바로 잡아보겠습니다. 사도행전 10장 12절에서 15절까지를 보겠습니다.

> "그 안에는 땅에 있는 각종 네 발 가진 짐승과 기는 것과 공중에 나는 것들이 있더라" "또 소리가 있으되 베드로야 일어나 잡아 먹어라 하거늘" "베드로가 이르되 주여 그럴 수 없나이다 속되고 깨끗하지 아니한 것을 내가 결코 먹지 아니하였나이다 한대" "또 두 번째 소리가 있으되 하나님께서 깨끗하게 하신 것을 네가 속되다 하지 말라 하더라" (행 10:12-15).

하나님께서 베드로에게 환상 중에 각종 가증한 짐승들을 보이며 깨끗하게 하였으니 잡아 먹으라고 합니다. 이 구절의 말씀은 이방인을 더러운 짐승으로 비유를 한 것입니다. 즉 속된 짐승들을 깨끗게 했다는 것은 이방인들도 예수의 피로 정결케 되었으므로 이방인 고넬료를 만나는 것을 꺼려하지 말것을 비유로 한 말씀입니다. 땅에 기어 다니는 동물을 실제로 깨끗게 하였으므로 먹어도 된다고 한 말씀이 아닙니다.

다음은 사도행전 21장 25절을 보겠습니다.

> "주를 믿는 이방인에게는 우리가 우상의 제물과 피와 목매어 죽인 것과 음행을 피할 것을 결의하고 편지하였느니라 하니" (행 21:25).

이 구절과 관련하여 내가 만난 두 목사의 이야기를 잠시 나누겠습니다. 한 사람은 이스라엘에서 살고 있는 신학교수 출신 한국 목사였습니다. 우연히 음식에 관한 이야기를 하다가 나는 돼지고기도 안먹고 조개나 새우도 먹지 않는다고 말하자 자신도 건강에 좋지 않으므로 돼지고기는 먹지 않지만 새우는 건강에 좋아 먹는다고 하였습니다. 그러면서 나에게 새우는 왜 먹지 않느냐고 물었습니다. 그래서 성경이 금하므로 먹지 않는다고 말하자 그 목사는 베드로가 공회에서 모두 먹어도 된다고 하였기 때문에 먹어도 된다고 말하는 것이었습니다. 그래서 나는 더 이상 말하지 않았습니다.

이 목사가 인용한 것이 바로 지금 읽은 사도행전 21장 25절 말씀입니다. 이 목사는 이 구절을 우상의 제물이 아니고 피가 들어 있지 않고 복매어 죽인 것이 아니면 어떠한 고기도 먹어도 된다고 해석을 한 것입니다. 그렇게 해석을 하면 돼지는 물론 뱀도 쥐도 먹을 수 있다는 의미인 것입니다. 이 해석은 물론 잘못된 것입니다. 이 말씀은 하나님께서 먹을 수 있다고 정한 고기에 한정하여 설명하는 것입니다. 즉 소나 양이라도 제사 지낸 것과 피가 들어 있는 것과 목매어 죽은 것은 먹지말라는 의미로 쓰여진 것입니다.

또 다른 한 목사는 케냐에서 만났는데 음식에 관한 이야기를 나누게 되었습니다. 이 한국 목사도 베드로가 공회에서 먹어도 된다고 결의하였기 때문에 무엇이든지 먹을 수 있다고 말하는 것이었습니다. 그 말을 듣는 순간 나는 충격을 받았습니다. 왜냐하면 이 목사가 언급한 말이 전에 이스라엘에서 만난 목사가 말한 것과 토씨 하나도 틀리지 않았기 때문입니다. 그래서 다시 물었습니다. 공회에서 하나님의 계명을 바꿀 수 있는 것이냐고 질문을 하였습니다. 그러자 이 목사의 대답은 "바꿀 수도 있지 않아요?" 였습니다. 이 대답에 또 다시 놀랐습니다. 그래서 다시 물었습니다. 그렇다면 교단이 동성결혼을 인정한다고 결의하면 동성결혼이 죄가 되지 않는 것입니까? 이 사람은 대답을 하지 않았고 대화는 중단되었습니다. 이 목사는 간단한 논리만 적용하여도 허구가 드러나는 것을 진리인 줄 알고 있는 것입니다.

사실 대부분의 한국 목사들이 이 구절을 이 두 목사와 동일하게 이해를 합니다. 그 이유는 신학교에서 그렇게 배웠기 때문입니다. 그러므로 일률적으로 그렇게 이해하는 것입니다. 성령의 조명 없이 성경으로 성경을 해석하지 않고 신학을 의지하면 이처럼 말씀을 억지로 풀게 됩니다. 신학은 진리가 아닙니다. 성경만 진리입니다. 그러니 신학을 배우지 않은 교인들이 신학으로 오염된 목사들보다 오히려 성경을 더 바르게 깨달을 수 있는 것입니다. 브리스길라와 아굴라는 교인이지만 아볼로 목사를 데려다 가르쳤습니다. 그러니 이 설교를 통하여 음식법을 바르게 깨달은 교인들은 음식법에 대하여 무지한 목사들을 가르치는데 주저하지 마십시오.

다음은 디모데전서 4장 3절을 보겠습니다.

"혼인을 금하고 어떤 음식물은 먹지 말라고 할 터이나 음식물은 하나님이 지으신 바니 믿는 자들과 진리를 아는 자들이 감사함으로 받을 것이니라"(딤전 4:3).

이 구절도 사람들이 무엇이든지 먹을 수 있다고 틀리게 해석하는 단골 메뉴 중에 하나입니다. 이 구절은 음식물은 하나님이 지은 것이므로 모두 먹어도 된다고 말씀합니다. 여기서 성경이 말하는 음식의 정의를 바르게 알아야 합니다. 음식이라는 단어에는 하나님께서 먹을 것으로 인정했다는 의미가 들어있는 것입니다. 레위기의 음식법에도 어떤 것, 어떤 고기, 어떤 생물은 먹지 말라고 표현을 하지 어떤 음식은 먹지 말라는 표현은 한 군데도 없습니다. 즉 성경의 표현에 음식이라고 하면 그 자체가 먹을 수 있는 것이라는 의미가 들어 있는 것입니다. 이러한 이해를 바탕으로 하면 이 구절은 하나님께서 먹을 것으로 정한 것에 한하여는 무엇이든지 감사함으로 받으라는 의미로 쓰인 것을 쉽게 이해할 수 있습니다.

다음은 고린도전서 10장 25절에서 28절까지를 보겠습니다.

"무릇 시장에서 파는 것은 양심을 위하여 묻지 말고 먹으라" "이는 땅과 거기 충만한 것이 주의 것임이라" "불신자 중 누가 너희를 청할 때에 너희가 가고자 하거든 너희 앞에 차려 놓은 것은 무엇이든지 양심을 위하여 묻지 말고 먹으라" "누가 너희에게 이것이 제물이라 말하거든 알게한 자와 그 양심을 위하여 먹지 말라"(고전 10:25-28).

이 구절의 말씀을 이해하려면 그 당시의 사회적 배경을 알아야 합니다. 그 당시에 시장에서 파는 고기들 중에는 이방신에게 제사를 지낸 것들이 있었습니다. 소나 양을 직접 키워서 잡아 먹을 수 없는 사람들은 고기를 시장에서 사먹어야 합니다. 그러므로 초대 받은 집의 식탁에 올려진 고기는 소나 양이라도 제사에 사용되었던 것일 가능성이 있는 것입니다. 그럴 경우 초대한 사람에게 제물인지 묻지 말고 먹으라는 뜻입니다. 즉 이 구절의 말씀도 시장에 파는 것과 초대 받은 집에서 차려놓은 것은 가증한 것이라도 먹으라는 뜻이 아닙니다. 소나 양같이 먹을 수 있는 것에 한하여 말씀하는 것입니다.

다음은 마태복음 15장 11절을 보겠습니다.

"입으로 들어가는 것이 사람을 더럽게 하는 것이 아니라 입에서 나오는 그것이 사람을 더럽게 하는 것이니라"(마 15:11).

이 구절의 말씀을 무엇이든지 먹을 수 있다는 의미로 이해하는 형제를 만난 적이 있습니다. 그러나 이 구절은 먹을 것에 대한 말씀이 아니라 예수께서 바리새인들의 위선을 비유로 지적한 말씀입니다. 바리새인들이 예수님의 제자들이 손을 씻지 않고 음식을 먹음으로 전통을 범한다고 지적하자 예수께서 더러운 손으로 먹어도 몸이 더럽혀지지 않는다고 말씀한 것입니다. 즉 이 말씀은 무엇을 먹어도 몸이 더럽게 되지 않는다는 의미로 쓰여진 것이 아닙니다.

이상으로 먹을 것과 먹지말 것에 대한 성경의 가르침들 중에 잘못 해석하는 구절들을 바르게 풀어 보았습니다. 그 결과 레위기의 음식법이 지금도 바뀌지 않은 것을 알게 되었습니다. 하나님의 율법은 일점일획도 땅에 떨어지지 않습니다. 베드로의 환상이 이 법을 바꿀 수 없습니다. 공회의 결정이 거룩한 음식법을 변경하지 못합니다. 여러분의 틀린 성경해석으로 하나님의 계명이 바뀌지 않습니다. 여러분의 식탐이 먹지 못할 것을 먹을 수 있는 것으로 둔갑시키지 못합니다.

구약에서 금한 것을 지금은 먹을 수 있다고 말하는 사람들은 그럴 수 있는 영적인 배경을 설명할 수 있어야 합니다. 베드로가 공회에서 결정했다는 사실이 그 배경의 전부라면 그것은 충분한 설명이 되지 못합니다. 왜냐하면 공회에서 하나님의 법을 바꿀 수 있다고 이해하는 자체가 오류이기 때문입니다. 동물제사와 할례는 예수님께서 흘린 피로 인하여 지금은 그 의미와 효력이 없어졌다고 설명하면 영적으로나 논리적으로 납득이 갑니다. 그러나 구약에서 금한 것을 지금은 먹을 수 있다는 사실에 대하여는 납득이 갈만한 영적인 배경을 성경에서 찾을 수가 없습니다.

오히려 신약성경은 가증한 짐승인 돼지를 먹는 것은 물론 키우는 것 조차도 죄가 된다는 사실을 교훈하고 있습니다. 마가복음 5장 13절을 보겠습니다.

> "허락하신대 더러운 귀신들이 나와서 돼지에게로 들어가매 거의 이천 마리 되는 떼가 바다를 향하여 비탈로 내리달아 바다에서 몰사하거늘" (막 5:13).

이 말씀을 읽고 예수께서 사유재산을 침해한 것이 아니냐고 질문하는 경우가 있습니다. 실제로 돼지 주인이 상당히 큰 재산을 잃은 것은 사실입니다. 그러므로 이러한 질문이 가능합니다. 그렇다면 남의 재산에 손해를 입히면서도 예수께서 돼지들을 죽게한 이유가 무엇이겠습니까? 돼지는 이방신의 제물로 사용되는 대표적인 짐승입니다. 제물로 바친 후 사람들은 그 고기를 먹습니다. 그러니 돼지를 기른다는 것은 두 가지의 죄를 동시에 범하는 것입니다. 이방신의 제물을 공급하는 죄와 가증한 것을 먹게 하는 죄입니다. 즉 돼지의 주인은 죄를 짓고 있었던 것입니다. 그러므로 주님께서 돼지들에게 귀신이 들어가 물에 빠져 죽게하는 벌을 내린 것입니다. 이것이 더러운 짐승인 돼지를 통하여 주는 하나님의 교훈입니다. 이처럼 신약에서도 가증한 것을 먹지 말라고 가르치지 먹어도 된다고 말씀하지 않습니다.

깨끗하지 않은 것을 먹어 하나님의 성전인 육체를 더럽히지 마십시오. 내가 거룩하니 너희도 거룩하라고 말씀하신 여호와께서 지금 여러분의 식탁을 보고 있습니다. 여러분의 냉장고 안을 두루 살핍니다. 음식법을 지킬 때 건강해집니다. 음식이 건강을 돕고 하나님의 계명을 지키니 하나님께서 복을 주어 엉과 육이 모두 강건해집니다. 혹시 음식법에 대하여 바르게 이해하고 있음에도 사소하게 여기고 무시하는 사람들이 있다면 이제 돌이켜야 할 것입니다. 이것은 작은 계명이 아닙니다. 하나님께서 먹지 말라고 한 것을 먹는 죄가 작지 않습니다.

인간이 최초로 범한 죄가 무엇입니까? 그것은 먹지 말라고 한 것을 먹은 죄입니다. 그 형벌이 얼마나 컸는지는 모두가 알고 있습니다. 아담과 이브를 에덴에서 내쫓은 동일한 하나님께서 돼지고기와 가증한 것을 먹는 자가 멸망할 것이라고 하였습니다. 그러니 이제부터는 여러분 모두가 새로운 심령으로 정결한 식단을 차리고 거룩한 섭생을 하여 복은 받고 멸망은 피하기를 돼지를 몰살시킨 예수 그리스도의 이름으로 축복합니다.

Pastors who will go to hell

III
음란하고 타락한 한국 목사들

9. 이 땅에 간음하는 자가 가득하도다
10. 빛에 드러나는 어둠의 권력들
11. 목사들을 믿지 말라
12. 목사와 교회로부터 시작 되는 심판

"내가 예루살렘 선지자들 가운데도 가증한 일을 보았나니 그들은 간음을 행하며 거짓을 말하며 악을 행하는 자의 손을 강하게 하여 사람으로 그 악에서 돌이킴이 없게 하였은즉 그들은 다 내 앞에서 소돔과 다름이 없고 그 주민은 고모라와 다름이 없느니라" "그러므로 만군의 여호와께서 선지자에 대하여 이와 같이 말씀하시니라 보라 내가 그들에게 쑥을 먹이며 독한 물을 마시게 하리니 이는 사악이 예루살렘 선지자들로부터 나와서 온 땅에 퍼짐이라 하시니라"

예레미야 23:14-15

9
이 땅에 간음하는 자가 가득하도다

사람들이 가장 많이 짓는 죄는 음란죄입니다. 성경에서 가장 많이 지적하는 죄 중에 하나도 음행입니다. 여러 죄 중에서도 성경에서 가장 우선 언급되는 것이 음란입니다. 마가복음 7장 21, 22절을 보겠습니다.

"속에서 곧 사람의 마음에서 나오는 것은 악한 생각 곧 음란과 도둑질과 살인과" "간음과 탐욕과 악독과 속임과 음탕과 질투와 비방과 교만과 우매함이니"(막 7:21-22).

주님께서 여러 가지 악한 생각에 대하여 언급하는데 그 중에 음란을 가장 먼저 지적합니다. 다음은 골로새서 3장 5절 말씀을 보겠습니다.

"그러므로 땅에 있는 지체를 죽이라 곧 음란과 부정과 사욕과 악한 정욕과 탐심이니 탐심은 우상 숭배니라"(골 3:5).

이 구절에도 음란의 죄가 가장 먼저 언급되고 있습니다. 다음은 베드로전서 4장 3절을 보겠습니다.

"너희가 음란과 정욕과 술취함과 방탕과 향락과 무법한 우상 숭배를 하여 이방인의 뜻을 따라 행한 것은 지나간 때로 족하도다"(벧전 4:3).

이 말씀에도 여러가지 죄들 중에 음란을 제일 우선으로 지적하고 있습니다. 이처럼 음란의 죄는 시대를 막론하고 인류 역사에서 가장 많이 우선적으로 범하는 죄입니다. 하나님께서 가장 미워하는 죄 중에 하나도 음행인데 하나님께서는 영적인 음행과 육체적인 음행을 같은 의미의 비유로 말씀합니다. 소돔과 고모라가 이 죄로 멸망당하였습니다. 이스라엘 백성이 이 죄로 여러 번 심판 받았습니다.

예수님께서 사역을 하던 때도 음란한 세대라고 그 세대를 특징지웠습니다. 마가복음 8장 38절을 보겠습니다.

"누구든지 이 음란하고 죄 많은 세대에서 나와 내 말을 부끄러워하면 인자도 아버지의 영광으로 거룩한 천사들과 함께 올 때에 그 사람을 부끄러워하리라"(막 8:38).

이 말씀을 주의 깊게 보면 음란 죄만 다른 죄와 구별하여 따로 지적하고 있는 것을 알 수 있습니다. 그냥 죄 많은 세대라고 하지 않고 음란하고 죄 많은 세대라고 언급한 것이 그것입니다. 이러한 인류의 음란의 역사는 노아의 때를 지나 예수님의 세대는 물론 지금도 변하지 않았고 오히려 더 심화되어 가고 있습니다.

지금부터는 대한민국의 음란에 대하여 잠시 살펴보겠습니다. 어느 곳에 살던지 반경 일 킬로미터 내에 매춘을 할 수 있는 나라는 지구상에 대한민국밖에 없습니다. 한국에는 매춘과 음란한 행위를 제공하는 사업의 종류가 많습니다. 사창가는 말할 것도 없고 사우나에서도 음란 서비스를 제공합니다. 호텔에서 창녀를 불러줍니다. 룸살롱에서도 단란 주점에서도 매춘을 알선합니다. 심지어 노래방에서도 그러한 서비스를 제공하며 이발소에서도 그런 더러운 짓이 행해지고 있습니다. 집에서 걸어서 십분 거리 안에 음행을 할 수 있도록 사회가 구조적으로 되어 있는 나라는 한국밖에 없습니다.

결혼한 사람들이 여자친구, 남자친구를 사귀는데 그것이 일반화 되어있다고 합니다. 유치원 동창까지 인터넷을 통하여 찾아 만납니다. 한국의 이혼율이 전세계 일등을 하는 것이 이유가 있는 것입니다. 음란하기 때문입니다. 한국의 낙태율이 세계 으뜸인 것도 음란과 상관이 있는 것입니다. 이혼율이 증가하는 것은 음란율과 불륜율이 증가하기 때문입니다. 남자도 여자도 모두 음란합니다. 어른으로 시작하여 젊은이에 이르기까지 모두 음란하며 총체적으로 음란합니다. 여기에 포르노 동영상을 통한 개인적인 음란과 혼전 성관계, 동성애등 성적 타락의 현상을 일일이 열거하면 한국은 그야말로 음란 공화국이라 할만 합니다.

한국뿐만 아니라 세계의 많은 나라들이 소돔과 고모라가 되어가고 있으며 동성애를 법과 제도로 인정하는 것은 세계적인 추세입니다. 미국은 2014년까지 50개 주 중에서 37개의 주가 동성결혼을 합법화하였고 2015년 6월 26일에는 동성결혼을 연방법으로 제정하기에 이르렀습니다. 미국은 자국의 동성결혼 합법화에 만족하지 않고 전 세계에 동성결혼 홍보대사까지 파견합니다. 그 맨 앞에는 오바마 전 대통령이 있었습니다. 오바마는 대통령 취임 후에 가장 먼저 한 일이 백악관의 예배를 주관하는 목사를 내보낸 일입니다. 그리고 예배보던 장소에 동성애자 250명을 초대하였습니다.

한국에는 박원순 서울 시장이 이러한 더러운 일에 깃발을 들고있습니다. 서울 시청 앞 광장이 멸망 직전의 소돔과 고모라를 연출하고 있습니다. 동성애 축제가 열리는 장소를 박원순 서울 시장이 대한민국의 중앙에 허락한 것입니다. 이 사람의 꿈은 서울을 아시아에서 가장 동성애자를 옹호하는 대표적인 시로 만드는 것입니다. 서울에 유황불이 떨어진다면 그의 시청 집무실이 가장 먼저 불타버릴지 모릅니다.

그렇다면 세상이 이렇게 급속도로 음란해 가는 이유가 무엇일까요? 성경은 세상의 타락은 주의 종들의 타락을 반영하는 것으로 말씀합니다. 즉 대한민국이 음란한 것은 대한민국의 목사들이 음란하기 때문이라는 것입니다. 예레미야 23장 10절, 11절을 보겠습니다.

> "이 땅에 간음하는 자가 가득하도다 저주로 말미암아 땅이 슬퍼하며 광야의 초장들이 마르나니 그들의 행위가 악하고 힘쓰는 것이 정직하지 못함이로다" "여호와의 말씀이니라 선지자와 제사장이 다 사악한지라 내가 내 집에서도 그들의 악을 발견하였노라" (렘 23:10-11).

10절에는 "이 땅에 간음하는 자가 가득하도다"라는 말씀이 있고 이어서 11절에는 "선지자와 제사장이 다 사악한지라"고 말씀합니다. 이것을 연결하여 이해를 하면 선지자와 제사장이 다 사악하므로 이 땅에 간음하는 자가 가득하다는 뜻입니다. 다음은 본문 말씀인 예레미야 23장 14절, 15절을 보겠습니다.

> "내가 예루살렘 선지자들 가운데도 가증한 일을 보았나니 그들은 간음을 행하며 거짓을 말하며 악을 행하는 자의 손을 강하게 하여 사람으로 그 악에서 돌이킴이 없게 하였은즉 그들은 다 내 앞에서 소돔과 다름이 없고 그 주민은 고모라와 다름이 없느니라" "그러므로 만군의 여호와께서 선지자에 대하여 이와 같이 말씀하시니라 보라 내가 그들에게 쑥을 먹이며 독한 물을 마시게 하리니 이는 사악이 예루살렘

선지자들로부터 나와서 온 땅에 퍼짐이라 하시니라" (렘 23:14-15).

14절에 선지자들이 간음을 행한다고 하고 15절에서는 사악이 예루살렘 선지자들로부터 나와서 온 땅에 퍼진다고 합니다. 이 두 말씀을 연결하면 주의 종들이 간음하기 때문에 이 땅에 간음하는 자가 가득한 것이라는 뜻입니다. 이처럼 성경은 지도자가 정치를 잘못 했거나 사회제도를 잘못 만들어서 세상이 음란하다고 말씀하지 않습니다. 세상의 음란함은 목사들의 음란이 그 원인이라고 말씀하고 있습니다.

한국에서 실제로 벌어지고 있는 일들이 이러한 사실을 증거합니다. 한국의 전문직종별 성범죄를 분석한 한 자료에는 목사 직종이 성범죄율이 가장 높은 것으로 나타났다고 합니다. 성범죄는 간통과 성폭행과 성추행을 의미합니다. 이 자료를 가지고 전공대학별 성범죄율을 유추해 보면 상경대, 공과대, 문과대등 다른 모든 대학을 제치고 신학대학 출신이 성범죄를 가장 많이 짓는다는 또 다른 분석이 가능합니다.

목사가 되기 위하여는 신학교에서 공부를 해야 합니다. 그런데 신학은 미혹의 학문이므로 성령을 받고 진리로 무장 되지 않은 사람들은 신학교에서 대부분 미혹되어 결국 거짓 목사의 길을 가게 되는데 거짓 목사가 음란하다는 것은 이미 배웠습니다. 그러므로 대부분이 거짓 목사인 한국 목사들이 다른 직종보다 성 범죄를 많이 짓는다는 통계는 성경적인 관점에서도 타당성이 있고 신뢰할 만한 것입니다.

엘리 제사장의 두 아들 홉니와 비느하스는 제사장이었는데 회막에서 음행과 하나님의 성물을 도둑질하는 죄를 짓습니다. 지금의 목사들도 높은 연봉과 퇴직금, 고급 승용차로 하나님의 성물을 도둑질하는 죄를 짓고 있으며 이러한 탐심을 가진 목사들은 엘리의 아들들처럼 음란의 죄도 함께 짓게 되는 것이 영적인 원리입니다. 이것도 한국의 현실이 증명합니다.

수년 전 어느 기독교 신문이 선정한 10대 뉴스 중 여섯 건이 유명 목사들의 간통 사건이었습니다. 이들이 누구인지 살펴보겠습니다. 1번 순복음교회의 조용기, 2번 감리교단 금란교회의 김홍도, 3번 장로교 통합소속 소망교회의 곽선희, 4번 성결교단인 중앙성결교회의 이복렬, 5번 장로교 고려총회 소속인 경향교회의 석원태, 6번 장로교 합동소속 평화교회의 장효희입니다.

이들은 한국의 기독교를 대표하는 자들인데 한국의 교단들이 골고루 거의 모두 포함되어 있습니다. 이들의 공통점은 명예와 부를 가졌다는 것입니다. 즉 돈을 사랑하는 목사들은 동전의 양면처럼 음란의 죄를 함께 짓는 것이 진리라는 것은 한국의 현실을 통하여도 증명이 되고 있습니다. 또한 교단의 간부들이 간음한다는 사실은 소속된 교회의 목사들의 영도 온전치 못할 것이라는 것을 쉽게 상상할 수 있게 합니다. 왜냐하면 그들은 같은 교단에 있으니 같은 영을 가지며 또한 권위의 영은 밑으로 전이되기 때문입니다. 그러므로 거의 대부분의 교단 소속 목사들이 음란하다고 보면 틀리지 않습니다. 이러한 죄를 짓는 자들에게 하나님께서 준 말씀이 사무엘상 3장 14절입니다.

> "그러므로 내가 엘리의 집에 대하여 맹세하기를 엘리 집의 죄악은 제물로나 예물로나 영원히 속죄함을 받지 못하리라 하였노라 하셨더라" (삼상 3:14).

엘리의 두 아들처럼 음란하고 하나님의 것을 도둑질하는 거짓 목사들에게는 영원히 속죄할 제사가 없다고 말씀하는 것입니다. 같은 말씀이 히브리서 6장 4절에서 6절까지에도 있습니다.

> "한 번 빛을 받고 하늘의 은사를 맛보고 성령에 참여한 바 되고" "하나님의 선한 말씀과 내세의 능력을 맛보고도" "타락한 자들은 다시 새롭게 하여 회개하게 할 수 없나니 이는 그들이 하나님의 아들을 다시 십자가에 못 박아 드러내 놓고 욕되게 함이라" (히 6:4-6).

성령의 은사를 받고도 타락하여 간음한 목사들은 예수 그리스도를 다시 십자가에 못 박아 욕되게 한 죄를 지은 것입니다. 그러니 다시 돌이켜 회개할 수 없는 것입니다. 조금 전에 언급한 간통한 여섯 목사들이 이에 해당되며 간음과 성범죄를 지은 모든 목사들이 이에 해당하는 것입니다.

지금까지는 사람들이 가장 많이 짓는 죄 중에 하나가 음란 죄라는 것과 세상의 음란함은 주의 종들의 음란함을 반영하는 것이라는 것에 대하여 살펴보았습니다. 이제부터는 이 음란의 죄가 교인들의 가정에 미치는 영향에 대하여 나누고자 합니다. 인간은 살면서 죄를 짓습니다. 그러나 예수를 믿는 사람들은 회개함으로써 그 죄를 사함받습니다. 그러나 여러 죄 중에도 가장 회개를 하지 않게 되는 죄가 음란죄입니다. 음행은 은밀하게 이루어지는 것이 특징입니다. 은밀하여 잘 드러나지 않음으로 회개하기가 쉽지 않습니다. 보통은 자신의 죄는 자신에게만 영향을 줍니다. 살인, 도둑질의 죄는 그 살인을 한 사람, 도둑질을 한 사람만 그 죄로 벌을 받습니다. 그러나 음행의 죄는 다른 사람의 영혼에게도 피해를 줍니다.

지금 부터는 음란이 다른 영혼에게 개인적으로 피해를 주는 경우에 대하여 살펴보겠습니다. 부부 사이에 몰래 행하는 음란이 그것입니다. 배우자가 있는 사람들에게 마지막 때를 준비하는 가장 중요한 문제 중에 하나가 부부간의 음란의 죄를 서로 고백하고 회개하는 것입니다. 이 죄 문제를 해결하지 못하면 주님 오실 때 들림받지 못합니다. 부부간에 서로에게 죄가 되는 음행은 크게 두가지입니다. 하나는 혼자 은밀하게 범하는 음행이고 다른 하나는 실제로 간음하는 것입니다.

혼자 은밀히 범하는 대표적인 음란의 죄는 음란 동영상을 보는 것입니다. 이것은 혼자 죄를 짓는 것이 아닙니다. 이러한 행위를 통해 음란한 영이 그 가정에 들어와 배우자에게도 영향을 줍니다. 상대방도 더 음란하게 만듭니다. 그리고 이러한 음란의 영은 부부간에 다툼을 만들고 심하면 별거와 이혼까지 하게 만듭니다. 그러나 보통의 사람들은 이러한 영적인 원리를 잘 알지 못합니다. 부부중의 한 사람이 몰래 음란물을 즐기므로 죄가 들어와 이혼까지 하게 된다는 것을 사람들은 이해하지 못합니다.

마태복음 5장 27절, 28절을 보겠습니다.

"또 간음하지 말라 하였다는 것을 너희가 들었으나" "나는 너희에게 이르노니 음욕을 품고 여자를 보는 자마다 마음에 이미 간음하였느니라" (마 5:27-28).

이 구절의 말씀은 여자를 보고 음심을 품기만 하여도 간음한 것이라고 합니다. 주님은 마음으로 하는 간음이 실제 간음하는 것 만큼 나쁜 죄라고 말씀하지 않았습니다. 마음의 음란은 실제 음란과 같은 죄라고 말씀하고 있습니다. 즉 음란 영화를 보는 자체가 실제로 배우자 외의 사람과 간음을 하는 것입니다. 십계명 중의 하나를 범하고 천국에 갈 수 있는 사람은 없습니다. 습관적으로 보든, 종종 보든, 한 번밖에 본적이 없든지 상관 없이 중단하고 배우자에게 고백하여 용서를 받으십시오. 그리고 하나님께도 용서를 구하십시오. 이것은 반드시 회개해야 하는 큰 죄입니다. 중요한 것은 반드시 배우자 앞에 고백하고 회개하여야 합니다. 그리고 다시는 같은 죄를 짓지 않아야 합니다.

두번째는 실제로 간음을 한 경우에 대하여 나누겠습니다. 여러 죄 중에서도 육체를 더럽히는 음행의 죄는 다른 죄와도 구별됩니다. 고린도전서 6장 18절에서 20절까지를 보겠습니다.

"음행을 피하라 사람이 범하는 죄마다 몸 밖에 있거니와 음행하는 자는 자기 몸에 죄를 범하느니라" "너희 몸은 너희가 하나님께로부터 받은 바 너희 가운데 계신 성령의 전인 줄을 알지 못하느냐 너희는 너희 자신의 것이 아니라" "값으로 산 것이 되었으니 그런즉 너희 몸으로 하나님께 영광을 돌리라" (고전 6:18-20).

음행은 하나님의 성전인 몸을 더럽히는 죄이기 때문에 그 죄가 더 중대한 것입니다. 몸으로 하나님께 영광을 돌리라고 말씀하는데 음행은 하나님의 전을 더럽히는 것이므로 하나님의 영광을 가리는 것입니다. 다음은 고린도전서 3장 16절, 17절을 보겠습니다.

"너희는 너희가 하나님의 성전인 것과 하나님의 성령이 너희 안에 계시는 것을 알지 못하느냐" "누구든지 하나님의 성전을 더럽히면 하나님이 그 사람을 멸하시리라 하나님의 성전은 거룩하니 너희도 그러하니라" (고전 3:16-17).

하나님의 것은 그것이 이름이든지, 기구이든지, 집이든지, 더럽히고 살아남을 자가 없습니다. 하나님의 성전을 더럽히는 자는 멸한다고 합니다. 교회 건물이 성전이 아닙니다. 사람의 몸이 성전입니다. 그러므로 몸을 음란으로 더럽히면 하나님의 집을 더럽힌 것이므로 죽게 되는 것입니다. 하나님의 성전이 거룩하므로 믿는 자의 몸도 거룩해야 합니다. 이처럼 음행의 죄는 배우자에게 죄를 짓는 것 이전에 하나님께도 큰 죄를 짓는 것입니다. 그러므로 다시 한번 이러한 음란의 죄에서는 반드시 돌아설 것을 당부합니다.

다음은 음행의 죄를 부부간에 어떻게 다루어야 할지에 대하여 나누겠습니다. 실제의 간음죄는 혼자서 음란물을 보는 죄보다 훨씬 더 크고 심각한 문제로 여겨질 수 있습니다. 그러나 성경은 육체의 간음과 마음의 간음이 같은 것이라고 말씀합니다. 마음 속의 음란에서 완벽한 사람은 없을 것입니다. 다시 말하면 부부의 한편이 육체의 음행을 하지 않았을지라도 마음의 음란으로부터 완벽하지 못하다면 그 사람은 육체의 간음을 한 사람과 똑 같은 죄인입니다. 같은 죄를 지은 사람이 상대방을 정죄할 수 없습니다. 요한복음 8장 3절에서 9절까지를 보겠습니다.

"서기관들과 바리새인들이 음행중에 잡힌 여자를 끌고 와서 가운데 세우고" "예수께 말하되 선생이여 이 여자가 간음하다가 현장에서 잡혔나이다" "모세는 율법에 이러한 여자를 돌로 치라 명하였거니와 선생은 어떻게 말하겠나이까" "그들이 이렇게 말함은 고발할 조건을 얻고자 하여 예수를 시험함이러라 예수께서 몸을 굽히사 손가락으로 땅에 쓰시니" "그들이 묻기를 마지 아니하는지라 이에 일어나 이르시되 너희 중에 죄 없는 자가 먼저 돌로 치라 하시고" "다시 몸을 굽혀 손가락으로 땅에 쓰시니" "그들이 이 말씀을 듣고 양심에 가책을 느껴 어른으로 시작하여 젊은이까지 하나씩 하나씩 나가고 오직 예수와 그 가운데 섰는 여자만 남았더라"(요 8:3-9).

이 말씀은 간음한 여인을 사람들이 돌로 쳐 죽이려고 하는 것입니다. 그러나 예수님께서 "죄가 없는 자가 먼저 돌로 치라"고 말씀하자 모두 찔림을 받고 떠났습니다. 이 예화의 교훈을 적용하면 부부 중 한편이 음행의 죄를 고백할 때 듣는 상대방은 어떻게 반응해야 하겠습니까? 돌을 던져야겠습니까? 용서해야겠습니까? 아마도 같이 죄를 고백해야 되지는 않을까요? 주님이 간음한 여인을 용서하였다면 여러분도 음행한 남편을 용서해야 합니다.

하나님으로부터 여러분의 죄를 용서받기 원하면 남의 죄를 용서하십시오. 죄를 고백하고 용서를 구하는 사람에게 돌을 던지지 마십시오. 자신도 그러한 죄가 있는지를 살피고 피차에 죄를 말하고 서로 용서하십시오. 이렇게 하는 것이 부부가 함께 사는 것입니다. 이러한 고백이 이루어지면 사탄은 더 이상 그 가정을 흔들지 못합니다. 더 이상 음란하게도 불화하게도 다투게도 이혼하게도 못합니다. 이러한 부부간의 죄의 고백과 용서가 있을 때 그 가정에 사탄은 떠나고 천사가 수종들게 됩니다.

부부 사이의 심한 갈등으로 이혼을 생각하는 사람들이 있습니다. 이들은 문제 해결을 위하여 여러가지 노력을 하고 상담을 받기도 합니다. 그러나 이혼을 마음 먹은 부부 사이는 다시 회복되기 쉽지 않습니다. 전문가와의 상담이나 심리적인 치유 등으로 해결이 되지 않습니다. 이 문제를 해결하기 위하여는 부부 간에 죄를 고백하는 것 외에는 방법이 없습니다. 이혼하도록 하는 것은 사탄입니다. 사탄을 이기는 것은 죄를 고백하고 회개하는 것입니다. 그러나 사람들은 다른데서 이혼의 원인과 해결 방법을 찾으려고 합니다. 부부 사이의 이혼의 갈등은 서로의 죄를 피차 고백하지 않으면 그 문제가 해결되지 않습니다.

이혼 문제가 전문가와의 상담이나 화해하려는 인간적인 노력으로 해결되지 않는 이유가 여기에 있는 것입니다. 불화는 사탄이 주는 것이며 사탄은 항상 죄의 근거가 있을 때에 역사합니다. 죄의 근거를 제거하는 것이 부부간의 은밀한 죄를 서로 고백하는 것입니다. 이것이 부부의 불화와 갈등을 없애는 유일한 방법은 아닐지라도 최선의 방법이 될 수는 있습니다. 부부간의 불화의 원인이 모두 음란때문은 아닐지라도 그 가능성을 염두하고 부부 관계를 살피는 것은 지혜로운 것입니다.

부부 중에 한 사람은 들림을 받고 한 사람은 남겨지는 일이 있습니다. 누가복음 17장 34절을 보겠습니다.

"내가 너희에게 이르노니 그 밤에 둘이 한 자리에 누워 있으매 하나는 데려감을 얻고 하나는 버려둠을 당할 것이요" (눅 17:34).

이 구절에서 둘이 한 자리에 누워 있는 사람들은 부부입니다. 그 중에 데려감을 얻는 하나는 주님 오실 때 휴거 되는 사람을 뜻합니다. 그렇다면 이 부부는 왜 함께 올라가지 못하는 것일까요? 한 사람은 믿고 한 사람은 믿지 않는다면 그런 일이 발생할 수 있습니다. 그러나 만약에 함께 나란히 교회에 앉아서 예배 드리던 부부라면 어찌 된 일일까요? 한 사람은 물과 성령으로 거듭났고 한 사람은 거듭나지 않았기 때문일 수도 있습니다. 아니면 한 사람은 음행의 죄를 상대방에게 고백한 사람이고 한 사람은 고백하지 않은 사람일 수도 있습니다. 또는 한 사람은 은밀한 죄를 고백하며 용서를 구했는데 한 사람은 용서를 하지 않은 사람일 수도 있습니다. 여러분은 어떤 사람입니까? 물과 성령으로 거듭나고 죄를 상대방에게 고백한 사람입니까? 아니면 거듭나지 못하고 죄를 고백하지도, 남을 용서하지도 않은 사람입니까?

우리는 지금 세상 끝 날을 살고있습니다. 지금 이 순간에도 주님이 오시어 교회를 데리고 갈 수 있습니다. 그러니 우리는 지금 준비되어 있어야 합니다. 회개와 거룩함으로 주님 오실 날을 맞아야 합니다. 아내에게, 남편에게 고백하지 않은 죄 하나 때문에 남겨지지 말아야 합니다. 이 죄는 하나님 앞에 고백하는 것만으로 사함받지 못합니다. 죄는 당사자에게도 고백하고 용서를 구해야 합니다. 그것이 회개에 합당한 열매를 맺는 것입니다. 만약 여러분 중에 고백하지 않은 부부사이의 죄가 있다면 이제는 은밀한 죄를 피차 고백하고 서로 용서하여 죄사함을 받고 주님 오실 때 부부가 행복하게 함께 손잡고 올라가기를 곧 오실 메시아 우리 주 예수 그리스도의 이름으로 축원합니다.

"감추인 것이 드러나지 않을 것이 없고 숨긴 것이 알려지지 않을 것이 없나니" " 이러므로 너희가 어두운 데서 말한 모든 것이 광명한데서 들리고 너희가 골방에서 귀에 대고 말한 것이 지붕 위에서 전파되리라"

누가복음 12:2-3

음란하고 타락한 한국 목사들

10
빛에 드러나는 어둠의 권력들

　지금 미국과 한국에서는 감추인 것과 숨긴 것들이 드러나고 있습니다. 골방에서 귀에 대고 말한 것들이 알려지고 있는 것입니다. 최근에 미국과 한국에서 드러나는 불법의 일들은 지금까지 접해 온 일반적인 것들과는 다릅니다. 그 내용이 매우 놀랍고 충격적입니다. 왜냐하면 범죄의 주체가 국가 권력 기관이기 때문입니다. 또한 권력 기관에서 행한 불법의 비밀들이 언론들에 의해서 오랫 동안 은폐되어 왔다는 사실도 밝혀지고 있습니다. 많은 진실들이 언론에 의해 장기간 왜곡되고 조작되어 지금은 사람들이 거짓 정보에 세뇌가 되어 있는 지경입니다. 권력 기관과 언론은 악어와 악어새처럼 숙주와 기생체의 관계를 유지하며 자신들의 궁극적인 의제를 추구하기 위하여 많은 불법을 오랫 동안 자행해 왔는데 이러한 사실들이 최근에 폭발적으로 드러나고 있습니다.

국가 권력 기관과 언론이 합세하여 속인다면 진실이 세상에 알려진다는 것은 거의 불가능한 일입니다. 그러므로 지금 미국과 한국에서 벌어지는 불법의 비밀에 대한 폭로는 기적이라 할 수 있습니다. 또한 이러한 사건이 미국과 한국에서 거의 동시에 발생하고 있다는 것도 주목할 만한 일입니다. 이러한 사건들이 미국은 2016년 대통령 선거를 치르면서 본격적으로 시작되었고 한국은 대통령 탄핵의 시점에서 발생하였다는 것도 우연만은 아닌 것 같습니다. 여기에는 하나님의 섭리가 있음을 부인할 수 없습니다.

미국은 2016년 11월 대통령 선거를 치르며 주류 언론들이 악의 축이라는 사실과 힐러리가 미국 역사상 가장 부패한 정치인 중에 하나라는 비밀이 드러났습니다. 한국도 2016년 11월 대통령 탄핵 사건이 본격화 되면서 언론의 죄성과 권력 기관의 부패와 타락이 사람들의 상상을 초월하는 수준임이 드러나기 시작했습니다. 그 후로도 계속하여 미국과 한국에서는 골방에서 만든 음모가 기적적으로 드러나고 있습니다. 지금 우리는 본문 말씀 누가복음 12장 2절과 3절 말씀이 그대로 응하는 세대를 살고 있는 것입니다.

우선 미국에서 밝혀지고 있는 중요한 몇 가지 진실에 대하여 살펴보겠습니다. 미국의 오바마 정부는 2016년 대통령 선거 기간은 물론 오바마 재임 기간 중에 트럼프 대통령과 그의 가족들의 대화를 도청하였습니다. 왜냐하면 대통령에 출마할 트럼프의 약점을 미리 잡아 놓기 위한 것이었습니다. 그뿐만 아니라 러시아가 트럼프의 대통령 당선을 도우려고 미국 정부의 컴퓨터를 해킹하였다고 주장했는데 실제로는 미국 정보기관이 해킹을 하고 러시아가 한 것처럼 조작하려 한 혐의도 드러나고 있습니다. 오바마가 이렇게 한 것은 트럼프의 대통령 당선을 무효화 하거나 당선 후 트럼프를 탄핵할 구실을 만들려고 한 시도입니다. 그 불법성과 의도의 사악함이 상상을 초월합니다. 이 사건은 미국 정치 역사상 가장 큰 정치 스캔달이 되었으며 그 위력이 워터게이트 사건의 백 배도 넘는 큰 사건입니다.

또한 미국 중앙정보부는 미국의 모든 개인의 스마트폰을 도청 또는 해킹할 수 있는 설비와 능력을 가지고 오랫 동안 수백만 명의 미국 시민을 불법적으로 도청한 사실도 드러나고 있습니다. 또 미국의 CIA는 독일의 프랑크푸르트에서 무려 이천 명의 전문 해커를 두고 온 세계의 컴퓨터를 해킹하고 있다는 사실도 공개되고 있습니다. 세계의 경찰 역할을 하는 좋은 이미지의 미국과는 전혀 다른 모습입니다. 실제로 미국은 깊이 파보면 세계에서 가장 못된 짓을 많이 하는 나라 중에 하나입니다. 계속 공개되는 미국의 부정 부패 특히 정치인과 정보기관의 불법 행위에 관한 정보는 트럼프 대통령이 워싱턴 D.C를 개혁할 수 있는 명분을 제공하고 힘을 실어주고 있습니다. 그리하여 백악관의 한 참모는 트럼프의 임기가 끝나기 전까지 다수의 오바바 행정부 관리들은 물론 오바마까지도 연방 감옥에 들어 갈 것이라고 선언을 하였는데 이것은 오바마 세력에 대한 선전포고이기도 합니다.

아직 임기 초기인 트럼프 행정부는 정보기관을 장악하지 못했을 뿐더러 오바마가 임명했던 많은 정보기관 직원들이 물밑에서 트럼프를 공격하는 형국입니다. 전문가들은 트럼프에게 하루 속히 오바마가 지명한 사람들을 모두 해임할 것을 요청하고 있지만 그것이 그리 간단한 일은 아닌것 같습니다. 왜냐하면 미국의 CIA와 FBI를 비롯한 정보기관들은 대통령을 제거할 수 있을 정도로 힘을 갖고 있기 때문입니다.

정보기관을 움직이는 자들은 재임 기간이 4년이나 8년밖에 안되는 대통령에게 정보를 제한하고 스스로 불법을 행하며 나름대로의 보이지 않는 정부, 소위 딮 스테이트 (DEEP STATE)의 모양으로 권력을 행사하는 자들입니다. 과거의 클린턴이나 오바마는 부패한 자들이라 이들의 불법을 묵인 내지는 편승하여 정치를 하였습니다. 그러나 트럼프는 이러한 조직을 깨끗하게 개혁하려는 사람입니다. 이러한 사실을 알고있는 미국의 정보기관들은 오바마와 함께 트럼프의 대통령 당선을 막기 위해 수단과 방법을 가리지 않은 것이며 선거기간 내내 트럼프에게 불법 도청과 해킹을 자행한 것입니다.

그러나 불과 얼마 전부터 부인할 수 없는 불법행위의 증거들이 공개되기 시작함으로써 트럼프 세력과 트럼프의 권력을 약화 또는 제거시키려는 세계정부주의자들과의 전쟁이 수면 위로 부상한 것입니다. 여기에는 미국의 주류 언론들도 합세를 하였습니다. 이들은 대통령 선거기간 내내 집요하게 트럼프의 흠을 찾아내려 하고 심지어는 가짜로 뉴스를 만들어서 공격을 하였으며 힐러리의 부정 부패에 관한 사실은 철저히 은폐하려 했음에도 결과는 거꾸로 나왔습니다. 주류 언론들이 트럼프를 공격할수록 트럼프는 더욱 깨끗한 것이 드러나고 힐러리의 더러운 것을 감추려 할수록 힐러리는 발가벗기듯이 그의 더러운 것이 드러났습니다.

그리하여 힐러리는 미국 역사상 가장 타락한 정치인인 것이 확증되었으며 트럼프는 미국 역사이래 가장 강력한 리더쉽과 도덕성을 지향하는 대통령으로 인정받아 당선되었습니다. 언론과 권력기관을 총 동원하였음에도 불구하고 트럼프를 음해하려는 악한 좌익 세력들의 뜻은 이루어지지 않았고 진실은 계속하여 드러나고 있습니다. 지금 하나님께서는 엘리사를 통해 아람 왕이 침실에서 한 말까지도 듣게 한 동일한 기적을 행하고 있습니다. 열왕기하 6장 12절을 보겠습니다.

"그 신복 중의 한 사람이 이르되 우리 주 왕이여 아니로소이다 오직 이스라엘 선지자 엘리사가 왕이 침실에서 하신 말씀을 이스라엘의 왕에게 고하나이다 하는지라" (왕하 6:12).

하나님께서 이러한 일을 행하는 이유는 의로운 자들, 하나님 편에 선 자들이 승리하도록 도우기 위한 것입니다. 미국 내에서 엘리사 역할을 하는 사람들은 소수의 인터넷 언론과 보통의 시민들입니다. 이들이 부패한 미국에 정의와 진리가 세워지기를 소망하여 진실을 밝혀내고 있습니다. 이들 중 일부는 그 구독자의 수가 대형 언론회사보다 훨씬 많은 곳도 여럿 있는데 이런 일이 가능한 이유는 미국민들도 이제는 더 이상 주류 언론들을 신뢰하지 않기 때문입니다. 작은 매체들이 더욱 진실된 보도를 한다는 것을 깨달은 것입니다. 성경은 이러한 진실을 보도하는 의로운 자들에 대한 적의 공격이 있음을 보여주고 있습니다. 열왕기하 6장 13절과 14절을 보겠습니다.

> "왕이 이르되 너희는 가서 엘리사가 어디 있나 보라 내가 사람을 보내어 그를 잡으리라 왕에게 아뢰어 이르되 보라 그가 도단에 있도다 하나이다" "왕이 이에 말과 병거와 많은 군사를 보내매 그들이 밤에 가서 그 성읍을 에워쌌더라" (왕하 6:13-14).

이 구절은 아람 왕이 엘리사를 죽이려고 하는 장면입니다. 아람 왕이 선지자 엘리사를 죽이려는 이유는 자신이 말한 비밀을 모두 이스라엘 왕에게 알린다는 사실 때문입니다. 이 말씀이 지금 미국에서도 응하고 있는 것입니다. 악한 권력의 비밀을 알리고 있는 인터넷 언론들이 실제로 오바마와 힐러리를 비롯한 좌파 세력으로부터 심각한 위협과 공격을 받고 있습니다. 한 정치 전략가이며 인터넷 언론인인 로져 스톤이라는 사람은 얼마 전에 독이 든 음식을 먹은 적이 있는데 누군가가 테러를 한 것이라고 합니다. 그 외에도 어둠의 세력에 대하여 싸우는 무명 유명의 많은 방송인들이 암살 위협과 도청, 해킹등을 무차별적으로 당하고 있는 형국입니다. 그럼에도 불구하고 이들에 대한 시청률과 구독율은 점점 증가하고 있으며 적으로 부터 잘 보호를 받고 있습니다. 하나님께서 이들을 지켜주고 있습니다. 열왕기하 6장 17절과 18절을 보겠습니다.

> "기도하여 이르되 여호와여 원하건대 그의 눈을 열어 보게 하옵소서 하니 여호와께서 그 청년의 눈을 여시매 그가 보니 불말과 불병거가 산에 가득하여 엘리사를 둘렀더라" "아람 사람이 엘리사에게 내려오매 엘리사가 여호와께 기도하여 이르되 원하건대 저 무리의 눈을 어둡게 하옵소서 하매 엘리사의 말대로 그들의 눈을 어둡게 하신지라" (왕하 6:17-18).

이 말씀은 아람 왕의 군대가 엘리사를 죽이러 왔을 때 벌어진 일들입니다. 하나님께서 불말과 불병거를 보내어 엘리사를 지켜주고 적들은 모두 눈이 멀게 하였습니다. 이것이 하나님께서 진리를 알리는 자와 그를 대적하는 세력들에게 행하는 공의입니다. 지금 미국의 작은 언론과 방송들은 하나님께서 불말과 불병거로 보호하고 있습니다. 그리고 적들의 눈은 가리어 놓았습니다. 그러니 그들이 승리할 수 있는 것입니다. 또한 그들이 승리할 수 있는 또 다른 이유는 하나님을 의지한다는 사실입니다. 그들은 방송중에 하나님과 예수 그리스도를 언급하며 기도까지 합니다. 그들은 정의와 진리를 추구하며 하나님 편에서 일을 합니다. 그러니 하나님께서 돕지 않을 수가 없는 것입니다.

다음은 한국에서 드러나는 비밀들에 대하여 나누어보겠습니다. 한국도 사회의 부정과 불법들이 오랫 동안 감추어져 있었고 사람들은 주류 언론들이 만들어내는 거짓 정보를 통하여 미혹되어 있었습니다. 그러나 이번 대통령 탄핵 사건을 계기로 악한 자들의 비밀이 많이 드러나고 있습니다. 하나님께서 드러낸 불법의 사람들을 몇 부류로 나누어 살펴보겠습니다.

첫째는 정치인들입니다. 한국 사회의 정치인들에 대한 신뢰는 매우 낮습니다. 그것은 과거 칠십 년간 변함이 없습니다. 대부분의 정치인들은 국가보다는 자신의 소욕을 위하여 행동합니다. 의로움과 진리를 따라 정치하지 않습니다. 기본적인 윤리와 신의도 지키지 않습니다. 초선 의원의 유일한 목표는 재선 의원이 되는 것입니다. 지역구의 발전이 아닙니다. 재선 의원의 유일한 정치적 목표는 삼선 의원이 되는 것입니다. 국민의 복리 증진이 아닙니다. 삼선 의원이 가장 마음에 두는 것은 사선 의원이 되는 것입니다. 국가의 번영과 안녕이 아닙니다.

이러한 목적을 달성하기 위하여는 이들은 할 수 없는 것이 없습니다. 탈당, 경선 불복, 경쟁자 비방, 고소, 거짓말, 불법 정치자금 모금, 대통령 탄핵 등 이들은 자신의 정치입지를 세우고 권세의 자리를 유지하기 위해서 신의도 양심도 피도 눈물도 없습니다. 이러한 자들이 한국의 국회의원들입니다. 정치부 기자를 오랫 동안 지낸 한 칼럼니스트는 지난 이십여 년간 정의와 진리와 신의를 지키는 국회의원을 딱 한 명 보았다고 고백을 하였는데 이 사람은 현직 국회의원이라고 합니다. 이 칼럼니스트의 짧은 고백 한마디가 한국 정치인의 위상과 수준을 잘 말해주고 있습니다.

이번 탄핵사건을 통하여서 국회의원들의 진면목이 많이 드러났습니다. 그 중에 대표적인 사람들이 주인을 배반하고 대통령 탄핵에 표를 던진 자들입니다. 신의의 중요성은 성경뿐만 아니라 도덕 교과서에도 가르치는 것입니다. 이들은 대통령 탄핵에 표를 던져야 다음 국회의원 선거에서 당선 될 가능성이 높을 것이라는 판단을 한 것입니다. 탄핵에 찬성해야 자신의 정치적 입지가 유리할 것이라고 여긴 것입니다. 탄핵 찬성이 의로운 것이라고 판단해서 그렇게 한 것이 아닙니다. 그러니 전에 대통령에게 은혜를 입은 것이나 신세를 진 기억은 나지 않는 듯이 배신의 표를 던진 것입니다.

이러한 자들이 국민을 위하여 일할 것이라는 생각은 이제 하지 않아야 합니다. 또한 야당 의원들일지라도 하나님께서 세운 대통령을 내쫓으려는 시도를 한 자들은 그들이 평소에 아무리 선한 정치를 하였다 할지라도 하나님 앞에 큰 죄를 지은 것이라는 사실에는 변함이 없습니다. 대통령 탄핵 사건이 없었다면 국민들은 대한민국 국회의원 삼백 명중에 이백삼십사 명이나 불의에 속한 자들이라는 것을 모를 뻔 하였습니다. 물론 나머지 육십육 명은 모두 의롭다는 것은 아닙니다. 그러나 그들은 적어도 하나님께서 세운 왕을 내쫓으려는 패역은 저지르지 않았습니다.

둘째는 언론입니다. 언론이 사실을 왜곡 조작하는 수준이 이처럼 심각한 줄은 국민들이 몰랐습니다. 오랫 동안 국민들이 언론의 허위 보도에 세뇌되어 왔는데 대통령 탄핵 사건을 계기로 이러한 사실들이 세상에 드러난 것입니다. 이러한 일은 먼저 설명하였듯이 지금 미국에도 똑같이 벌어지고 있습니다. 그리고 이들이 좌파들이라는 것도 동일합니다. 미국뿐만 아니라 일본과 서유럽에서도 공통적으로 발생하고 있는 현상입니다. 미국 대통령 선거와 관련하여 한국인들이 접한 뉴스는 대부분 사실이 아닙니다. 왜냐하면 한국의 언론들이 미국의 CNN이나 뉴욕 타임즈 같은 거짓 뉴스를 그대로 받아서 방영했기 때문입니다.

한국 사람들은 힐러리는 천사 트럼프는 마귀로, 힐러리 당선 가능성 95퍼센트 트럼프 당선 가능성 5퍼센트로 들었을 것입니다. 그러나 사실은 반대였습니다. 한국뿐만 아니라 전세계 언론이 거짓 뉴스로 일관한 것입니다. 이것을 바르게 보도한 미국의 매체는 인터넷 뉴스들이었으며 주류 방송 중에는 폭스 (FOX) 뉴스가 유일하게 진실된 방송을 하고 있는데 이들의 공통점은 모두 크리스천이라는 사실입니다.

다음은 언론의 부패를 어떤 한 방송인의 위선을 통하여 설명해보겠습니다. 이 사람은 한국에서 가장 신뢰받는 방송인으로 알려졌었는데 대통령 탄핵 사건이 터지면서 그 정체가 드러났습니다. 이 사람은 진실을 왜곡할 뿐 아니라 내용을 거짓으로 만들어 방송을 하는데 방송인 중에서도 가장 사악한 자임이 드러났습니다. 이 사람의 이름은 손석희입니다. 이 거짓 방송인 하나로 나라가 흔들렸습니다. 원래 이 사람은 옛날부터 조작 방송을 여러 차례 한 적이 있는데 사람들은 계속 속았던 것입니다.

가장 신뢰 받던 언론인이 이정도라면 다른 언론인들을 말할나위도 없는 것입니다. 한 언론인의 죄성을 빛 가운데 드러나게 한 것은 대한민국 언론의 총체적 부패와 타락을 상징적으로 드러낸 것입니다. 미국과 한국의 언론이 같은 때에 동일한 죄 가운데 있다는 사실이 드러나고 있다는 것은 우리가 본문 말씀인 누가복음 12장 2절과 3절 말씀이 응하는 세대를 살고 있다는 것을 다시 한번 깨닫게 합니다.

셋째로는 검사들입니다. 검사들의 권력 남용과 범죄자들과 연결된 비리에 대하여는 그 동안에도 많이 뉴스를 접하였습니다. 그러나 이번 탄핵사건을 계기로 드러난 이들의 악은 그 동안 알려진 수준을 훨씬 능가하는 것입니다. 이들이 거짓되고 모순된 것은 법을 집행하는데 불법을 사용한다는 것입니다. 피의자의 죄를 파악하는 것이 아니라 죄를 만들어 붙이는 일을 하고 있습니다. 이것은 범법 혐의자를 그냥 버려두는 것보다 더 악한 것입니다. 역사적으로도 검사 조직은 범죄 조직과 친분관계를 유지한 적이 많습니다. 이들에게서 불법을 배웠는지 수사하면서 짓는 죄가 범법자의 죄보다 더 큽니다.

넷째는 재판관들입니다. 국민들은 이번 대통령 탄핵 사건이 없었다면 법관은 모두 공정하고 정의로운 사람인줄로 계속 속을 뻔 하였습니다. 여덟 명이 모두 담합한듯이 대통령 탄핵 판결을 굽게 하였습니다. 헌법을 수호해야 할 헌법재판관이 헌법을 어겼습니다. 성경은 재판관이 판결을 공정하게 하지 않는 이유는 뇌물을 받았기 때문인 것으로 이야기 합니다. 잠언 17장 23절을 보겠습니다.

"악인은 사람의 품에서 뇌물을 받고 재판을 굽게하느니라" (잠 17:23).

이 말씀은 자신들의 유익을 위하여 판결을 불공정하게 한다는 것입니다. 이 성경 말씀은 논리적으로도 이해가 가는 것입니다. 자신에게 이익이 없는데 굳이 법을 틀리게 적용하여 재판을 굽게 할 이유가 없는 것이지요. 이들이 한 사람도 예외 없이 틀린 판결을 하였다는 사실은 하나님께서 두 가지를 말씀하는 것입니다. 첫째는 이들이 평소에도 즉 지금까지의 여러 재판에서도 판결을 공의롭게 하지 않았다는 것을 보여 주는 것입니다. 이들이 그동안 불의하게 판결한 죄가 관영하므로 이번 판결도 불의

하게 하도록 버려둔 것이며 그리하여 죄를 더 쌓게 한 것입니다. 둘째는 헌법재판소 여덟 명의 판사 모두가 타락하였다는 것은 다른 법관들도 전반적으로, 보편적으로 타락했다는 것을 암시적으로 보여주는 것입니다. 이 사실도 증명이 된 것은 세기의 졸속 판결이 이루어졌음에도 현직 법관들 중에 한 사람도 이의를 제기하지 않았다는 사실입니다.

판사가 부정하게 판결하는 것에 대하여는 국민들이 진실을 알기가 어렵습니다. 그러나 이번 탄핵 사건을 통하여 법관들의 불의를 하나님께서 드러내어 우리들에게 알게 한 것입니다. 모든 재판관들의 재판장인 하나님께서 악인을 두둔하고 의인을 억울하게 한 여덟 명의 판사들을 공의로 판결할 것입니다. 이들은 하나님의 심판을 받을 것이며 역사의 심판도 받을 것입니다. 또한 그들의 후손들도 판결문을 읽어보며 자신의 조상들을 부끄러워하게 될 것입니다. 예수를 팔고 배가 터져 죽은 가룟 유다는 차라리 태어나지 않았으면 좋을뻔 하였다면 이 여덟 명의 재판관들은 차라리 사법 시험에 불합격했었더라면 좋을뻔 했을 것이라는 한탄이 스스로의 입에서 나올 때가 올것입니다.

다섯째는 목회자들입니다. 한국의 몇몇 기독교 단체들과 목사들은 박근혜 대통령 하야를 촉구하였습니다. 촛불 집회를 보고 시류에 편승한 것입니다. 성경을 모르는 사람들은 그럴 수 있다 하여도 성경을 가르쳐야 할 사명을 가진 목사들이 하나님께서 세운 권세인 대통령을 하야하라고 말하는 것은 이들이 스스로 거짓 목사임을 드러내는 것 외에 아무 것도 아닌 것입니다. 이들은 로마서 13장 1, 2절 말씀을 지우려는 자들입니다.

"각 사람은 위에 있는 권세들에게 복종하라 권세는 하나님으로부터 나지 않음이 없나니 모든 권세는 다 하나님께서 정하신 바라" "그러므로 권세를 거스르는 자는 하나님의 명을 거스름이니 거스르는 자들은 심판을 자취하리라" (롬 13:1-2).

이 구절은 권세는 하나님으로부터 나온다고 하지 시위대로부터 나온다고 하지 않습니다. 세상의 권세는 선하든 악하든 하나님께서 이유가 있어 세운 것이므로 복종해야 하는 것이 성경의 가르침입니다. 그리고 권세를 거스르는 자는 심판을 자취한다고 말씀합니다. 그러므로 대통령 하야를 촉구한 목사들은 지금 하나님의 진노 아래에 놓인 것입니다. 스스로 하나님의 진노 아래에 있는 자가 강단에서 설교할 자격이 있겠습니까? 구원받지 못한 목사가 다른 사람의 영혼을 구원하는 일을 할 수는 없는 것입니다. 하나님께서 대통령 탄핵 사건을 통하여서 거짓 목사들까지 드러내었습니다.

그 중에 하나가 한국교회연합이며 수정교회의 조일래가 이 단체의 회장으로서 대통령 하야 성명을 발표하였습니다. 한국교회연합은 한국의 교단들이 가장 많이 가입한 단체인데 WCC를 지지하는 사탄의 회입니다. 조일래는 선교지에서 골프를 치는 거짓 목사입니다. 그러니 사탄의 회의 머리 역할을 하는 것입니다.

이 단체에 속한 교회의 목사들은 회개를 해야 할 것입니다. 이들은 우선 한국교회연합의 대통령 하야 촉구가 성경적이지 않은 잘못 된 행위임을 지적하고 그 단체를 떠나야 할 것입니다. 또한 교인들은 자신의 교회가 이러한 단체에 속해있다면 목사를 책망하고 그 교회를 떠나야 할 것입니다. 이렇게 하는 것이 대통령 하야를 촉구한 죄에 대한 회개의 열매를 맺는 것입니다.

이처럼 말세에 거짓 주의 종들이 한국의 혼란한 정치를 틈타 발호하고 있습니다. 대통령을 물러나라고 주장한 목사들, 촛불집회에 참석한 목사들은 광명의 천사로 가장한 마귀의 자식들이니 멀리하고 혹시 그러한 자들의 교회를 섬기고 있다면 그 교회를 떠나십시오. 이러한 자들은 교인을 열 배나 더 지옥 자식되게 하는 목사들입니다.

이상으로 살펴본 것처럼 대한민국은 사회의 어느 한 부분도 깨끗한 곳이 없습니다. 국회의원은 자신의 배를 섬기고, 언론은 거짓 보도를 일삼고, 검사는 스스로 범죄하고, 판사는 자신의 유익을 따라 판결하고, 목회자는 진리를 거스릅니다. 대한민국 국민들은 나라가 이처럼 건국 이래 가장 부패하고 타락한 세상이 되어있다는 사실을 불과 얼마 전까지만 해도 깨닫지 못했습니다. 한국은 물론 미국까지도 거의 비슷한 양상을 띠며 극도록 타락해 있다는 사실이 최근에야 드러나기 시작했습니다.

특별히 한국은 종북 공산주의자들이 이제 때가 찬 것을 알고

최후의 발악을 하는 지경이 되었습니다. 이들은 언론과 국회와 검찰과 법원과 기독교까지 장악하여 하나님이 주신 자유와 진리와 복음의 땅에 붉은 바벨탑을 세우려 합니다. 그리하여 국회는 대한민국의 법치주의를 사망에 이르게 하고 검찰은 그 시체를 관에 집어 넣었고 판사들은 여덟 개의 못을 박았습니다. 그리고 거짓 주의 종들은 못 박으라고 소리치고 있습니다.

이들은 지금 예수 그리스도를 십자가에 못 박았던 마귀처럼 승리의 축배를 들고 있을 것입니다. 그러나 못 박혔던 예수는 부활하였습니다. 성경은 죽은 자, 못 박힌 자가 승리하는 것을 보여줍니다. 부활은 죽은 자에게만 주어집니다. 그러니 이제 대한민국도 부활하고 부흥할 것입니다. 이러한 승리를 위하여 하나님께서 감추인 것을 드러낸 것입니다. 때가 찬 심판을 위하여 숨겨진 것을 알리는 것입니다. 적이 누구인지를 알게 하였고 그들의 죄가 무엇인지를 보여주었습니다. 우리에게는 불말과 불병거를 보내줄 것입니다. 그러니 여러분은 이미 승리한 전쟁을 하는 것입니다. 답을 알고 시험을 보는 것입니다.

이제 믿는 여러분은 다윗처럼 담대히 여호와의 이름으로 나아가기만 하면 됩니다. 그리하여 골리앗 같은 이 땅의 악한 권세자들과 하나님을 대적하는 종북 공산주의자들, 진리를 왜곡하는 거짓 목사들을 무너뜨리십시오. 우리의 싸움은 혈과 육으로 하는 것이 아닙니다. 우리의 싸움은 어둠의 세상을 주관하는 악한 영을 상대하는 것입니다. 하나님의 전신갑주를 입고 기도와 성령의 검으로 돌파하며 행진하여 큰 승리하게 되기를 우리 주 예수 그리스도의 이름으로 축복합니다.

"사랑하는 자들아 영을 다 믿지 말고 오직 영들이 하나님께 속하였나 분별하라 많은 거짓 선지자가 세상에 나왔음이라"

요한일서 4:1

11
목사들을 믿지 말라

　수많은 거짓 목사들이 세상에 나와 있습니다. 그러나 이들은 양의 탈을 쓰고 있으므로 구별하기가 쉽지 않습니다. 바리새인들은 예수님 당시 대표적인 거짓 목사들입니다. 그들은 스스로 의롭다고 생각하는 자들이었고 사람들도 그들이 의로운 것으로 인정했고 존경했고 그들의 가르침을 따랐습니다. 그러나 예수님과 세례 요한은 그들을 독사의 자식이라고 불렀습니다. 독사는 사탄을 상징합니다. 즉 바리새인들은 하나님의 종 행세를 하였지만 실제로는 사탄의 종인 것입니다. 그 당시의 대부분의 보통 사람들은 바리새인들이 사탄의 종인 줄을 몰랐고 예수님과 세례 요한은 알았습니다. 지금 시대의 상황이 그 당시와 다르지 않습니다. 많은 교인들이 자신이 섬기는 교회의 목사가 거짓 목사인 줄을 모르고 따르고 있습니다.

수많은 목사들이 독사의 자식이라고 불려야 할 거짓 목사들이라는 것은 성경이 예언하는 것입니다. 이들이 마지막 때에 교인들을 멸망으로 인도하는 사람들입니다. 이처럼 교인을 미혹하는 사람은 의사나 변호사가 아니며 무슬림이나 불교의 승려도 아닙니다. 믿는 자를 미혹하는 자는 믿는 사람이며 그것도 목사들이 주로 그 일을 합니다. 이 설교를 준비한 목적은 거짓 사도, 거짓 선지자, 거짓 목사, 거짓 교사를 분별하지 못하고 미혹되어 그 영혼이 어떻게 될지 모른채 단지 자신이 섬기는 교회 강단에서 설교한다는 이유로 그 가르침을 듣고 따르는 수많은 불쌍한 양들을 미혹에서 돌이켜 구원으로 인도하기 위한 것입니다.

먼저 거짓 선지자 발람의 행적을 통하여 고대의 거짓 선지자와 현대의 거짓 목사들의 공통된 특징을 살펴보겠습니다. 발람은 이스라엘 백성이 출애굽할 때를 배경으로 나타난 거짓 선지자인데 미혹하는 간계가 매우 사특하여 신약에서도 거짓 선지자의 대명사로 여러 차례 인용됩니다. 베드로후서 2장 15절, 16절을 보겠습니다.

> "그들이 바른 길을 떠나 미혹되어 브올의 아들 발람의 길을 따르는도다 그는 불의의 삯을 사랑하다가" "자기의 불법으로 말미암아 책망을 받되 말하지 못하는 나귀가 사람의 소리로 말하여 이 선지자의 미친 행동을 저지하였느니라" (벧후 2:15-16).

이 구절은 발람이 불의의 삯을 사랑하는 자라고 합니다. 즉 발람은 돈을 사랑하며 탐심이 있는 사람입니다. 유다서에도 발람이 거짓 교사의 모형으로 인용됩니다. 1장 11절을 보겠습니다.

"화 있을진저 이 사람들이여, 가인의 길에 행하였으며 삯을 위하여 발람의 어그러진 길로 몰려 갔으며 고라의 패역을 따라 멸망을 받았도다"(유 1:11).

이 구절도 삯을 위하여 발람처럼 어그러진 길로 간 거짓 목사에 대하여 말합니다. 이상의 두 구절은 공통적으로 거짓 선지자 발람을 삯꾼이라고 말합니다. 삯꾼이란 생계의 방편으로 목회를 하거나 하나님의 말씀을 돈을 버는 수단으로 삼는 자들을 의미합니다. 발람은 모압 왕 발락에게 매수되어 이스라엘을 저주하도록 사주를 받습니다. 그러나 발람은 하나님의 말씀을 듣고 직접 저주는 하지 않지만 결국 이스라엘이 저주 받을 수 있는 꾀를 내어 발락에게 알려줌으로써 이스라엘 백성이 심판을 받게 만듭니다. 그 꾀는 이스라엘 사람들을 모압 여자들과 음행하게 유도를 한 것입니다. 민수기 31장 16절을 보겠습니다.

"보라 이들이 발람의 꾀를 따라 이스라엘 자손을 브올의 사건에서 여호와 앞에 범죄하게 하여 여호와의 회중 가운데에 염병이 일어나게 하였느니라"(민 31:16).

브올의 사건은 이스라엘 사람들이 모압 여자들과 음행하며 바알을 섬긴 사건입니다. 이러한 간계를 발람이 발락에게 알려주고 그 대가로 돈을 받은 것입니다. 이처럼 발람은 매우 교활한 거짓 선지자입니다. 발람은 하나님의 음성을 듣고 순종하는 척 하지만 실제로는 돈 욕심으로 이스라엘을 멸망케 하였습니다. 현대의 거짓 목사들도 겉으로는 하나님께 순종하는 신실한 종처럼 포장을 하고 있지만 발람처럼 돈을 사랑합니다. 이처럼 거짓 목사의 첫째 특징이 돈을 사랑하는 것입니다. 성경은 주의 종이 먹고 입는 것 외의 사례금을 받지 못하도록 가르칩니다. 마태복음 10장 8절을 보겠습니다.

> "병든 자를 고치며 죽은 자를 살리며 나병환자를 깨끗하게 하며 귀신을 쫓아내되 너희가 거저 받았으니 거저 주라" (마 10:8).

이 말씀은 예수께서 사역하러 떠나는 제자들에게 당부한 것인데 여기에는 목사는 입고 먹는 것 이상의 돈을 받지 말라는 가르침이 있습니다. 즉 목사가 검소한 생활비 이상으로 사례비를 받으면 삯꾼입니다. 사도행전 3장 6절에는 목사는 금과 은이 없어야 하는 것을 표본으로 보여줍니다.

> "베드로가 이르되 은과 금은 내게 없거니와 내게 있는 이것을 네게 주노니 나사렛 예수 그리스도의 이름으로 일어나 걸으라 하고" (행 3:6).

이 구절은 두 가지 중요한 것을 암시합니다. 첫째는 목사는 재물이 없어야 하는 것이며 둘째는 은과 금이 없을 때 그리스노의 이름으로 능력이 나간다는 것입니다. 만약 주의 종 베드로가 은과 금이 있었으면 적선만 하고 능력은 행하지 못했을 것입니다. 즉 재물을 가진 목사는 능력이 없습니다. 이상으로 두 구절의 말씀의 포인트를 다시 정리하면 목사는 먹고 입는 것 이상의 사례비를 받지 않아야 하며 둘째, 쌓아 놓은 재산도 없어야 합니다. 이 두 가지가 모두 충족되어야 삯꾼이 아닙니다. 열왕기하 5장 15절, 16절을 보겠습니다.

> "나아만이 모든 군대와 함께 하나님의 사람에게로 도로 와서 그의 앞에 서서 이르되 내가 이제 이스라엘 외에는 온 천하에 신이 없는 줄을 아나이다 청하건대 당신의 종에게서 예물을 받으소서 하니" "이르되 내가 섬기는 여호와께서 살아 계심을 두고 맹세하노니 내가 그 앞에서 받지 아니하리라 하였더라 나아만이 받으라고 강권하되 그가 거절하니라" (왕하 5:15-16).

이 구절은 선지자 엘리사가 나아만의 문둥병을 고쳐준 후 나아만이 사례를 하려 하자 거절하는 장면입니다. 엘리사는 그 돈을 받아서 가난한 사람을 돕겠다고 하지 않았습니다. 그 돈을 받아서 성전에 바치겠다고 하지도 않았습니다. 그냥 받지 않았습니다. 이처럼 목사는 먹고 입을 것이 있는 한 누가 재물을 강권하여도 고사해야 합니다. 교회의 재정이 넉넉하여도 유력한 성도가 재물을 준다고 하여도 거부해야 합니다. 자신의 교회에서 월급을 받는다면 부흥 강사로 초청을 받아도 사례금을 받지 않아야 합니다.

목사는 재산 없이 소박하고 검소한 삶을 살아야 하며 더 나아가 가능한 적은 돈으로 살아야 합니다. 선지자 엘리사는 예물을 거절하였는데 그의 종 게하시는 탐심으로 나아만을 쫓아가 예물을 받아 옵니다. 게하시는 그 벌로 문둥병이 걸립니다. 여기에는 교훈이 있습니다. 재물을 사랑하고 탐심이 있는 목사는 영적인 문둥병자라는 것입니다. 고통은 못 느끼지만 그 영혼이 썩어서 죽어가고 있는 것입니다.

예수님의 제자 열두 명은 모두 소유를 버리고 주를 따랐습니다. 그리하여 큰 능력으로 사역하고 순교하였습니다. 그러나 가룟 유다는 자살하여 죽었습니다. 그것도 배가 터지는 저주 받은 모습으로 죽었습니다. 왜냐하면 그는 돈을 사랑하였기 때문입니다. 가룟 유다의 죽음은 돈을 사랑하는 현대의 거짓 목사들의 말로를 예표로 보여주는 것입니다.

거짓 목사의 두 번째 특징은 음란입니다. 베드로후서 2장 14절을 보겠습니다.

"음심이 가득한 눈을 가지고 범죄하기를 그치지 아니하고 굳세지 못한 영혼들을 유혹하며 탐욕에 연단된 마음을 가진 자들이니 저주의 자식이라" (벧후 2:14).

이 구절에는 거짓 목사에 대한 속성이 몇 가지로 표현되어 있는데 그 중에서 가장 먼저 언급된 것이 음심입니다. 베드로후서 2장 18절에도 거짓 교사가 음란하다고 말씀합니다.

"그들이 허탄한 자랑의 말을 토하며 그릇되게 행하는 사람들에게서 겨우 피한 자들을 음란으로써 육체의 정욕 중에서 유혹하는도다" (벧후 2:18).

이상의 두 구절의 말씀은 어떤 특정 거짓 교사가 음란하다고 말하는 것이 아닙니다. 거짓 교사는 모두 음란하다는 것입니다. 하나님과 다른 것을 함께 믿고 섬기는 것은 영적으로 음란한 것입니다. 거짓 교사의 첫 번째 특징이 돈을 사랑하는 것인데 그것은 하나님과 재물을 함께 섬기는 것이므로 영적으로 음행을 하는 것입니다. 영적 음행을 하는 사람은 육적인 음행을 겸하는 것이 성경이 보여주는 진리입니다. 구약에서도 이스라엘이 바알을 음란히 섬겼다고 했는데 이 때의 음란은 영적인 것과 육적인 것 모두를 뜻합니다. 왜냐하면 바알에게 제사할 때에는 동시에 매춘을 하기 때문입니다. 또한 거짓 선지자 발람이 이스라엘 백성이 음란한 죄를 짓도록 유도한 것도 그가 평소에 음란하기 때문에 그러한 꾀를 갖게 된 것입니다. 이처럼 성경은 영적 음란과 육체적 음란이 동전의 양면처럼 함께하고 있는 것을 보여주며 음란이 거짓 목사의 기본 속성인 것을 가르치고 있습니다.

돈을 사랑하는지는 목사의 삶을 보면 어느 정도 구별을 할 수 있습니다. 그러나 목사가 품고 있는 음심과 아무도 모르게 행하는 음란은 사람들이 알기가 매우 어렵습니다. 그러므로 목사의 돈에 대한 태도로서 음란을 판단하면 틀리지 않습니다. 이러한 음란한 영을 가진 목사가 교인들에게 미치는 피해는 엄청납니다. 예를 들어 목사가 음란 동영상을 습관적으로 보거나 어떤 여자 성도에게 음심을 품고 있다면 그 교회의 교인들은 그 목사로 인해 음란한 영의 영향을 받게 됩니다. 이러한 음란한 영은 교인들을 경건한 삶에서 멀어지도록 하며 부부간에 불화를 일으키기도 합니다. 심하면 가정이 깨어지기도 합니다. 나는 어떤 목사가 음심을 품고 있는 것을 알게 된 적이 있습니다. 이 목사는 자신의 교회의 여성도 몇 명에게 음심을 품고 있었는데 성령께서 기도하는 중에 그 사실을 모두 알려 주었습니다. 놀라운 사실은 해당 여성도들의 가정이 모두 부부간에 불화, 별거등의 상태에 있었다는 것입니다.

거짓 목사의 세 번째 특징은 강단에서는 예수를 시인하나 삶에서는 부인하는 것입니다. 유다서 1장 4절을 보겠습니다.

"이는 가만히 들어온 사람 몇이 있음이라 그들은 옛적부터 이 판결을 받기로 미리 기록된 자니 경건하지 아니하여 우리 하나님의 은혜를 도리어 방탕한 것으로 바꾸고 홀로 하나이신 주재 곧 우리 주 예수 그리스도를 부인하는 자니라"(유 1:4).

이 구절에서 가만히 들어온 사람은 거짓 교사를 뜻하며 주 예수 그리스도를 부인한다는 것은 가르침과 삶으로 예수를 부인하는 것을 의미합니다. 가르침과 삶으로 예수를 부인하는 몇 가지 예를 들어 보겠습니다. 첫째, 한 번 구원은 영원한 구원이라고 가르치는 것은 틀린 것이며 예수 그리스도를 부인하는 것입니다. 조금 전에 읽은 구절 중에 "하나님의 은혜를 도리어 방탕한 것으로 바꾸고"라는 말의 뜻을 살펴보겠습니다. 이 말씀은 그리스도께서 십자가에서 우리의 죄를 대속한 은혜로 하나님의 계명을 잘 지키지 않아도, 거룩하지 않은 삶을 살아도 구원받는다고 가르치는 것을 의미합니다. 즉 세상을 사랑하며 적당히 방탕하게 살아도 예수를 주로 영접한 적이 있기 때문에 천국에 갈 수 있다는 의미로 성경을 해석하고 가르치는 것입니다.

이러한 가르침은 하나님의 은혜를 도리어 방탕한 삶을 살 수 있는 구실로 만들어 버리는 악한 것입니다. 많은 목사들이 그렇게 잘못 가르치고 있습니다. 그러나 성경은 영생을 얻으려면 하나님의 계명을 지키라고 하며 거룩함이 없이는 주를 보지 못한다고 가르칩니다. 한 번 구원은 영원한 구원이라는 가르침은 수많은 영혼을 지옥으로 끌고 간 존 칼빈의 신학입니다. 이러한 가르침은 틀린 것이며 교인들을 멸망으로 인도하는 것입니다. 이 가르침은 예수 그리스도를 부인하는 것입니다.

둘째로 부유하게 사는 것이 복 받은 것이라고 가르치는 번영복음, 세상복음은 그리스도를 부인하는 것입니다. 많은 목사들이 돈과 복을 같은 의미로 해석하고 설교합니다. 십일조를 하면 복 받는다는 말라기의 말씀도 물질이 쌓이는 복으로 해석을 합니다. 그러나 성경이 말하는 복은 대개의 경우 영적인 복을 말하는 것입니다. 건강과 생명을 유지할 최소한의 먹을 것과 입을 것이 공급되는 것은 큰 복입니다. 그러나 그 이상의 재물이 들어오는 것은 복도 화도 아닙니다. 그것은 재물을 어떻게 사용하느냐로 결정됩니다. 먹고 입는 것 외에 재물을 쌓아 놓거나 자신의 정욕을 위하여 사용하면 저주가 되며 가난한 자와 하나님의 뜻을 위하여 흘려 보내면 복이 되는 것입니다. 이것이 성경의 가르침입니다. 그러므로 재물과 복을 같은 의미로 설교하는 목사들은 그리스도를 부인하는 것입니다.

셋째, 삶이 거룩하지 못한 것은 예수 그리스도를 부인하는 것입니다. 목사는 설교보다 삶이 더 중요하며 자신의 삶 이상의 설교를 할 수 없습니다. 자신의 삶이 거룩하지 않은데 교인들에게 거룩한 삶을 살라고 설교할 수 없습니다. 성경은 하나님의 말씀과 기도로 거룩해진다고 가르치지만 말씀 묵상과 기도 행위 자체가 거룩함은 아닙니다. 거룩의 의미는 세상과 구별되는 것입니다. 그러므로 거룩은 기도를 오래 하는 것이 아니라 TV를 보지 않고 세상 오락이나 취미 생활을 하지 않는 것입니다. 주의 종은 말씀과 기도에만 전무하라는 것이 성경의 가르침입니다. 주의 종이 아니더라도 믿는 자들은 쉬지 않고 기도하고 수야로 말씀 묵상하고 때를 얻든지 못 얻든지 전도하고 교회에 모이기를 힘쓰라는 것이 성경의 가르침입니다. 이러한 일만 하기에도 바쁜데 믿는 사람은 세상 취미와 오락을 할 시간이 없는 것입니다. 하물며 주의 종은 어떠해야 하겠습니까?

성경에는 주님과 제자들이 휴가를 갔다는 기록이 없습니다. 사도 바울은 유럽 전도 여행을 여러 차례 하였지만 사역으로 너무 피곤하여 며칠 휴가를 보냈더라라는 말씀은 없습니다. 어떤 주의 종이 세상 사람들처럼 따로 시간을 내어 세상으로 휴가를 간다면 그 사람은 사역을 일로 생각하는 것입니다. 그러므로 따로 쉴 시간이 필요한 것입니다. 그러나 주의 종들은 안식일에도 오히려 성경을 가르치는 일을 하였습니다. 예수님도 안식일마다 회당에서 설교했으며 사도 바울도 안식일에 회당에서 가르쳤습니다. 두란노 서원에서도 삼 년 동안 쉬지 않고 가르쳤습니다. 즉 주의 종은 하나님의 말씀을 가르치고 전하는 것이 안식이며 휴가인 것입니다. 그러므로 주님도 그의 제자들도 시간을 내어 지중해 해변이나 갈릴리 바닷가에서 휴가를 즐기지 않았습니다. 이처럼 주의 종이 세상의 오락이나 세상의 휴가를 즐기는 것은 거룩하지 않은 것입니다.

또한 거룩은 강단에서 저속한 말이나 농담을 하지 않는 것입니다. 복음을 전하고 가르치는 것은 참으로 심오하고 심각한 일입니다. 사람들의 영혼을 다루는 것이며 천국과 지옥이 결정되는 것입니다. 이처럼 사람의 영혼 구원의 문제를 다루어야 하는 교회의 강단에서 어떻게 고의적인 농담과 우스운 이야기가 전해질 수 있겠습니까? 성경 이천 페이지에는 농담이 한 줄도 들어있지 않습니다. 예수께서 가르치는데 회중들이 크게 웃었다는 대목은 없습니다. 사람들을 웃게 하고 재미있게 하려는 것은 사람들로부터 영광을 받으려는 것입니다. 교만한 것이며 거룩하지 못한 것입니다. 이처럼 세상과 구별되는 삶을 살지 않고 강단에서의 언행이 거룩하지 못한 것은 예수 그리스도를 부인하는 것입니다. 이상으로 목사가 그리스도를 부인하는 대표적인 몇 가지의 예를 살펴 보았는데 그것은 진리를 잘못 가르치는 것과 거룩한 삶을 살지 않는 것입니다.

거짓 목사의 네 번째 특징은 사람들이 듣기 좋은 설교만 하는 것입니다. 예레미야 6장 13절, 14절 말씀을 보겠습니다.

"이는 그들이 가장 작은 자로부터 큰 자까지 다 탐욕을 부리며 선지자로부터 제사장까지 다 거짓을 행함이라" "그들이 내 백성의 상처를 가볍게 여기면서 말하기를 평강하다 평강하다 하나 평강이 없도다" (렘 6:13-14).

이 구절의 말씀은 거짓 목사들은 교인의 아픔과 고통도 모른 채 평강하고 형통할 것이라는 말만 한다는 뜻입니다. 이 말씀은 거짓 목사들은 교인들의 영혼이 죽어가고 있음에도 구원받았다고 말한다는 것입니다. 따라서 이러한 거짓 목사들의 설교에는 다음과 같은 특징들이 나타납니다. 첫째, 교인들의 죄를 지적하지 않으며 회개하라는 설교를 하지 않습니다. 둘째, 구원받는 사람이 많은 것처럼 설교하며 교인들을 모두 구원받은 사람처럼 가정합니다. 셋째, 부자가 천국 가는 것이 매우 어렵다는 것이나 돈을 사랑함이 일만 악의 뿌리라는 설교를 하지 않습니다. 넷째, 본문의 거짓 선지자처럼 평강하다 안전하다 복 받았다를 자주 말합니다. 설교에 이러한 특징들이 나타나면 거짓 목사입니다.

거짓 목사들은 스스로가 먼저 미혹되어 있고 탐심이 있고 거룩하지 않음으로 영혼을 살리는 회개와 예수의 피와 갈보리 십자가와 거룩함에 대한 설교를 할 수도 없으며 하고 싶은 감동을 받을 수도 없습니다. 이들은 하나님보다는 사람을 두려워하며 진리보다는 돈을 사랑합니다. 이들은 먼저 타락되어 있으므로 교회 안의 음란과 술취함과 방탕한 삶을 책망하지 못합니다. 교인들의 성적 부도덕과 경건하지 못한 언행과 단정치 못한 옷차림과 여러 종류의 세속적인 풍조에 대하여 둔감하며 용납합니다. 그리하여 교회를 세상보다 더 세상처럼 만들어 가며 교인들의 영혼을 멸망의 길로 끌고 갑니다. 그럼에도 불구하고 미혹된 교인들은 이러한 목사를 용납할 뿐더러 좋아하고 존경하기까지 합니다. 예레미야 5장 30절과 31절을 보겠습니다.

"이 땅에 무섭고 놀라운 일이 있도다" "선지자들은 거짓을 예언하며 제사장들은 자기 권력으로 다스리며 내 백성은 그것을 좋게 여기니 마지막에는 너희가 어찌하려느냐"(렘 5:30-31).

이 구절에는 두 가지 메시지가 있습니다. 하나는 거짓 목사를 사람들이 좋게 여긴다는 것이고 다른 하나는 이러한 일이 하나님이 보시기에 무섭고 놀라운 일이라는 것입니다. 이처럼 무섭고 놀라운 일이 현대의 교회에서 일어나고 있습니다. 하나님께서는 거짓 목사를 좋게 여기는 이러한 교인들을 몹시 안타까와 하여 결국에는 너희가 어찌하려느냐고 말씀합니다. 이 말씀의 뜻은 너희가 거짓 목사를 분별하지 못할 뿐더러 좋게까지 여겨 결국에는 거짓 목사와 함께 멸망하지 않겠느냐고 안타까와 하는 것입니다.

여기서 거짓 목사를 좋게 여긴다는 의미는 특별히 그러한 목사에 대하여 호감과 존경심을 갖는다는 뜻이 아닙니다. 거짓 목사의 설교를 듣고 있는 것, 거짓 목사의 교회를 섬기고 있는 것 자체가 거짓 목사를 인정하는 것이며 좋게 여기는 것입니다. 그러므로 성령이 여러분의 목사가 거짓 목사임을 알게 할 때에는 교회와 자신의 영혼을 지키기 위하여 그 목사를 교회에서 내쫓든가 여러분이 그 교회를 떠나야 합니다.

지금까지는 거짓 목사가 세상에 많이 나왔다는 것과 거짓 목사의 특징들에 대하여 살펴 보았습니다. 다음은 목사가 진리를 정확하게 모르거나 잘못 가르칠 때에 교인들이 어떻게 대응해야 할지에 대하여 나누겠습니다. 우선 거짓 가르침을 예방할 수 있는 지혜에 대하여 나누겠습니다. 많은 목사들이 성경을 제대로 풀지 못하며 잘못 가르치고 있습니다. 교인들 중에는 진리에 대하여 목사보다 더 잘 깨닫고 있는 사람들이 있습니다. 이들은 목사의 가르침이 바른지 성경을 옳게 해석하는지를 판단할 수도 있습니다. 이러한 교인들은 목사의 잘못된 설교나 가르침을 지적하여 목사가 바른 설교를 할 수 있도록 인도할 책임이 있습니다. 이것은 교만한 행위가 아니며 성경이 가르치고 있는 것입니다. 사도행전 18장 24절에서 26절까지를 보겠습니다.

"알렉산드리아에서 난 아볼로라 하는 유대인이 에베소에 이르니 이 사람은 언변이 좋고 성경에 능통한 자라" "그가 일찍이 주의 도를 배워 열심으로 예수에 관한 것을 자세히 말하며 가르치나 요한의 세례만 알 따름이라" "그가 회당에서 담대히 말하기 시작하거늘 브리스길라와 아굴라가 듣고 데려다가 하나님의 도를 더 정확하게 풀어 이르더라" (행 18:24-26).

이 구절은 아볼로가 성경에 능통하며 가르치는 자라고 말씀합니다. 즉 아볼로는 목사입니다. 그럼에도 불구하고 교인인 브리스길라와 아굴라가 데려다가 가르쳤다고 합니다. 브리스길라와 아굴라는 교인이지만 하나님의 도를 목사인 아볼로보다 더 정확하게 알고 있었고 그것을 목사에게 가르친 것입니다. 이렇게 하는 것은 매우 강력한 힘이 있습니다. 거짓 가르침이 교회에 발을 못 붙입니다. 이러한 지적을 한 번이라도 받은 목사라면 그 후로 어떻게 설교를 준비하게 될지는 쉽게 상상할 수 있습니다.

죄를 짓거나 진리를 왜곡할 때에는 그 사람이 누구이든지 왕이든지 제사장이든지 어떠한 권위에게라도 그 잘못을 지적하라는 것이 성경의 가르침입니다. 다니엘도 느부갓네살 왕의 죄를 지적하여 그 죄에서 돌이키게 하였고 선지자 나단도 다윗 왕의 죄를 지적하여 회개하게 하였습니다. 목사가 잘 못 가르치거나 행할 때 교인들은 그 잘못을 즉시 지적하여 돌이키게 하는 것은 성경적이며 교회 안에 거짓 목사를 키우지 않는 좋은 방법입니다. 그럼에도 불구하고 교회에는 이러한 전통이나 문화가 거의 없습니다. 오히려 바람직하지 않은 문화가 교회에 자리 잡고 있습니다.

교인들이 목사의 잘못이나 부정에 관대하다는 것이 그것입니다. 그렇게 하는 것이 덕이 있는 것이고 믿음이 더 좋은 것으로 여겨지기도 합니다. 한편으로는 주의 종의 가르침을 지적하는 것이 적절치 않다고 생각합니다. 그러나 이렇게 하는 것은 바른 것이 아닙니다. 이렇게 하는 것은 오히려 거짓 목사를 좋게 여기는 것이며 거짓 목사를 교회에서 배양하는 결과를 낳는 것입니다. 그러므로 목사가 진리를 왜곡할 때에는 즉시 지적하여 바로 잡아주는 것이 거짓 가르침에 대한 가장 지혜로운 대응입니다.

다음은 유다서 1장 3절, 4절을 보겠습니다.

"사랑하는 자들아 우리가 일반으로 받은 구원에 관하여 내가 너희에게 편지하려는 생각이 간절하던 차에 성도에게 단번에 주신 믿음의 도를 위하여 힘써 싸우라는 편지로 너희를 권하여야 할 필요를 느꼈노니" "이는 가만히 들어온 사람 몇이 있음이라 그들은 옛적부터 이 판결을 받기로 미리 기록된 자니 경건하지 아니하여 우리 하나님의 은혜를 도리어 방탕한 것으로 바꾸고 홀로 하나이신 주재 곧 우리 주 예수 그리스도를 부인하는 자니라" (유 1:3-4).

이 구절은 예수님의 형제인 유다가 성도들에게 보낸 편지 중 일부인데 원래는 구원에 관하여 쓸려고 했는데 거짓 교사가 있다는 말을 듣고 그 내용을 거짓 교사와 싸우는 법으로 바꾼 것입니다. 왜냐하면 그 문제가 더 급하고 중요하다고 생각했기 때문입니다. 여기서 가만히 들어온 사람 몇은 거짓 교사를 말하는 것입니다. 그리고 거짓 교사들과 싸워야 하는 이유가 믿음을 지키기 위한 것이라고 합니다. 믿음으로 구원받는 우리는 믿음을 지키는 것만큼 중요한 일이 없습니다. 그러니 여러분의 믿음이 사탄에게 볼모로 잡혀 멸망하지 않으려면 거짓 교사와 싸워 이겨야 하는 것입니다. 요한계시록 2장 2절을 보겠습니다.

"내가 네 행위와 수고와 네 인내를 알고 또 악한 자들을 용납하지 아니한 것과 자칭 사도라 하되 아닌 자들을 시험하여 그의 거짓된 것을 네가 드러낸 것과"(계 2:2).

이 말씀은 자칭 진짜 사도라하는 사람이 실상은 가짜인 것을 에베소 교인들이 드러내었는데 그것을 하나님께서 합당하게 여긴다는 것입니다. 열왕기상 18장 40절을 보겠습니다.

"엘리야가 그들에게 이르되 바알의 선지자를 잡되 그들 중 하나도 도망하지 못하게 하라 하매 곧 잡은지라 엘리야가 그들을 기손 시내로 내려다가 거기서 죽이니라"(왕상 18:40).

이 구절은 엘리야가 거짓 선지자인 바알의 선지자들과 대결하여 승리한 후 이들을 죽이는 장면입니다. 도망하는 거짓 선지자를 잡은 사람은 백성들이고 거짓 선지자를 잡으라고 명령하고 죽이는 자는 참 선지자 엘리야입니다. 여기에는 몇 가지 교훈이 있습니다. 첫째, 교인들과 참 목사가 협력하여 거짓 목사와 싸울 때 반드시 승리한다는 것입니다. 둘째, 거짓 목사를 잡는 것은 교인이라는 것이며 셋째, 참 목사가 교인들에게 거짓 목사와 싸우는 법을 가르치고 인도해야 된다는 것입니다.

이 설교도 거짓 목사들과 싸우는 것의 한 방편이며 교인들에게 싸우는 법을 가르치는 것입니다. 그러므로 이 설교를 통하여 거짓 목사와 싸우는 방법에 대하여 배운 여러분이 교회에서 그대로 적용하고 실천할 때 엘리야와 이스라엘 백성이 승리한 것처럼 거짓 목사들과 싸워 승리하는 것입니다. 이상으로 살펴본 것처럼 성경은 거짓 목사에 관한한 용납하거나 관대하게 대하지도 않을뿐더러 힘써 싸워 교회에서 쫓아내라고 가르칩니다.

다음은 여러분의 목사가 거짓 목사인 사실이 드러났을 때 몰아내는 방법과 원칙에 대하여 나누어 보겠습니다. 교회들이 종종 분란에 빠지는 경우가 있습니다. 목사와 장로들의 다툼 또는 목사를 지지하는 교인과 반대하는 교인 사이의 다툼으로 교회가 나누어지는 일들이 있습니다. 원칙적으로 교회 안의 분란은 양편 모두에게 책임이 있으며 하나님은 양편 모두를 징계합니다. 그러므로 거짓 목사를 쫓아내는 일에 있어서도 가장 기본적인 원칙은 다툼과 분란이 없어야 하는 것입니다. 그러므로 다음의 몇 가지 원칙을 지켜 거짓 목사를 몰아내십시오.

첫째, 거짓 목사를 쫓아내는 것은 영적 전쟁이므로 금식하며 기도하십시오. 둘째, 성경 말씀에 근거하여 죄를 지적하고 교회를 떠날 것을 권면하십시오. 셋째, 법정으로 가거나 혈과 육의 다툼으로 하지 마십시오. 넷째, 한동안 시도하여도 거짓 목사가 떠나지 않으면 여러분이 그 교회를 떠나십시오. 전심으로 금식하며 기도할 때 하나님께서 거짓 목사를 떠나게 하든지 아니면 여러분을 참 목사가 있는 새로운 교회로 인도할 것입니다.

다음은 거짓 목사들의 역할과 사명에 대하여 나누겠습니다. 거짓 목사들은 사탄의 종으로서 나름대로 사명과 목표가 있습니다. 마태복음 23장 13절과 15절을 보겠습니다.

> "화 있을진저 외식하는 서기관들과 바리새인들이여 너희는 천국 문을 사람들 앞에서 닫고 너희도 들어가지 않고 들어가려 하는 자도 들어가지 못하게 하는도다"(마 23:13).
> "화 있을진저 외식하는 서기관들과 바리새인들이여 너희는 교인 한 사람을 얻기 위하여 바다와 육지를 두루 다니다가 생기면 너희보다 배나 더 지옥 자식이 되게 하는도다"(마 23:15).

이 구절은 거짓 목사의 사명을 크게 두 가지로 보여줍니다. 첫째는 천국으로 가는 사람을 못가게 방해하는 것이고 둘째는 교인을 지옥으로 끌고 가는 것입니다. 서기관들과 바리새인들은 예수께서 사역할 때의 대표적인 영적 지도자들이며 지금의 목사들에 해당합니다. 이들은 스스로를 거룩하고 의롭다고 생각하는 사람들이었습니다. 그러나 예수님은 그들을 독사의 자식이며 회칠한 무덤이라고 저주를 하였습니다.

현대의 거짓 목사들도 마찬가지입니다. 스스로 교인들을 미혹하여 지옥으로 끌고 간다고 자각하거나 인정하는 목사는 없을 것입니다. 그러나 그들이 진리를 왜곡하고 번영복음 기복신앙을 설교하며 능력도 없고 성령의 열매도 맺지 못한다면, 가난한 자의 헌금으로 높은 연봉을 받으며 재물을 사랑한다면 그들은 거짓 목사이며 그들의 설교와 가르침은 영혼을 지옥으로 끌고 가는 것입니다. 거짓 목사들은 스스로 미혹되어 있을뿐더러 자신의 교인들도 미혹하여 멸망의 길로 끌고 갑니다. 이처럼 교인들을 한 사람이라도 더 지옥 자식되게 하는 것이 사탄의 종인 거짓 목사의 역할이고 사명입니다.

그렇다면 이러한 거짓 목사의 미혹을 받지 않기 위하여 교인들은 어떻게 대처해야 할지에 대하여 살펴보겠습니다. 사도행전 17장 11절을 보겠습니다.

> "베뢰아에 있는 사람들은 데살로니가에 있는 사람들보다 더 너그러워서 간절한 마음으로 말씀을 받고 이것이 그러한가 하여 날마다 성경을 상고하므로" (행 17:11).

이 구절의 말씀은 베뢰아에 있는 사람들이 바울의 설교를 듣고 그것이 사실인지 성경을 묵상하며 확인했다는 것입니다. 여기에 교훈이 있습니다. 여러분이 거짓 교사의 미혹을 받지 않으려면 성경을 읽고 연구하여 목사가 성경대로 바르게 가르치는지를 직접 확인하라는 것입니다. 즉 여러분이 성경을 모르면 미혹되는 것입니다. 여러분이 성경을 모르면 한번 구원은 영원한 구원이라는 거짓 가르침을 믿고 따르게 되는 것입니다.

그러니 여러분이 진리를 깨닫기 위하여는 진리의 영인 성령님을 의지하여 성경을 주야로 묵상함으로써 여러분 모두가 아볼로 목사를 가르친 브리스길라와 아굴라처럼 되어야 하는 것입니다. 사탄이 성경 구절로 예수님을 미혹할 때 예수께서도 성경 구절로 싸워 이겼습니다. 즉 예수께서 사탄보다 성경을 더 잘 알고 있었으므로 사탄의 유혹에 넘어가지 않은 것처럼 여러분도 목사의 거짓 가르침에 속지 않으려면 목사보다 성경을 더 잘 알아야 할 것입니다.

다음은 베드로전서 5장 8절을 보겠습니다.

"근신하라 깨어라 너희 대적 마귀가 우는 사자 같이 두루 다니며 삼킬 자를 찾나니" (벧전 5:8).

여기서 대적 마귀는 바로 사탄의 종 노릇하는 거짓 목사들이며 이들이 교인의 영혼을 삼키려는 자들입니다. 이 구절의 말씀은 사자의 밥이 되지 않기 위하여 근신할 것과 깨어있을 것 두 가지를 당부합니다. 근신하라는 것은 세상과 구별되고 절제하라는 것인데 이 말은 궁극적으로 거룩한 삶을 살라는 뜻입니다. 깨어 있으라는 것은 기도하라는 뜻입니다. 다시 정리를 하면 이 구절에서 말씀하는 거짓 목사에게 미혹되지 않는 방법 두 가지는 기도하는 삶과 거룩한 삶입니다. 여러분의 기도가 부족하고 삶이 거룩하지 못하면 자동으로 거짓 목사에게로 인도됩니다. 그리고 그 사람이 거짓 목사인지 분별도 못할뿐더러 좋게 여기게 됩니다. 그러나 여러분이 의롭고 경건할 때, 쉬지 않고 기도할 때 여러분은 여러분이 섬기는 목사의 영이 하나님께 속하였는지 분별할 수 있습니다.

다음은 거짓 목사가 세상에 얼마나 많이 나와있는지에 대하여 나누겠습니다. 예수께서는 마지막 때의 첫 번째 징조가 미혹이라고 하였습니다. 지금은 마지막 때이므로 미혹하는 거짓 목사들이 교회 안에 많이 있다는 사실은 성경이 응하는 것입니다. 고린도후서 2장 17절을 보겠습니다.

> "우리는 수많은 사람들처럼 하나님의 말씀을 혼잡하게 하지 아니하고 곧 순전함으로 하나님께 받은 것 같이 하나님 앞에서와 그리스도 안에서 말하노라" (고후 2:17).

이 구절에서 "우리는 수많은 사람들처럼 하나님의 말씀을 혼잡하게 하지 아니하고" 라는 부분을 NIV 영어 성경으로 직역하면 "우리는 수많은 사람들처럼 하나님의 말씀을 이익을 위하여 팔러 다니지 않고"라는 뜻입니다. 이 구절의 말씀은 수많은 목사들이 하나님의 말씀을 팔고 다니는데 사도 바울은 그렇게 하지 않는다고 말하는 것입니다. 즉 수많은 목사들이 삯꾼이지만 사도 바울은 삯꾼이 아니라고 말하는 것입니다. 이 말씀으로 미루어 보건대 이미 초대교회 시절에도 삯꾼 목사들이 많았음을 알 수 있습니다.

그러나 성경은 마지막 때에는 더 많은 거짓 목사의 미혹이 있을 것이라고 했으니 얼마나 많은 거짓 목사들이 지금 나와 있겠습니까? 마지막 때 구원을 가로막는 가장 큰 장애물이 목사입니다. 구원으로 인도해야 할 목사가 구원의 걸림돌이라는 것은 참으로 아이러니한 비극입니다. 영혼을 삼키려고 두루 다니는 대적 마귀는 멀리 있는 것이 아니라 여러분의 교회의 강단에 서 있는 사람일 수도 있다는 사실에 여러분은 긴장해야 합니다. 그러므로 영을 모두 믿지말고 여러분의 목사의 영이 하나님에게 속했는지를 시험하고 깨어 근신하십시오.

거짓 목사가 세상에 많이 나와 있음을 알지만 사람들은 구별을 못합니다. 구별이 되어도 참 목사를 만나지 못하므로 거짓 목사의 거짓 가르침을 계속 듣고 있는 사람도 있습니다. 저는 이러한 하소연을 여러 사람으로부터 들었는데 이 또한 마지막 때의 믿는 자들의 아픔이고 슬픔입니다.

그럼에도 불구하고, 이처럼 수많은 삯꾼 목사들이 세상에 나와있음에도 불구하고, 신실한 하나님께서는 바알에게 절하지 않은 칠천 명을 남겨 놓았습니다. 하나님께서는 이들을 감추어 놓았습니다. 이들은 주류가 아닙니다. 이들은 유명하지 않으며 인기도 없습니다. 이들은 근본주의적이며 세상과 타협하지 않으므로 사람들이 꺼려합니다. 그러나 이들은 양들을 위하여 목숨을 바치며 영혼들을 위하여 경성하기를 자신이 청산할 자인 것처럼 합니다. 이들은 사역을 위하여 성령의 기름부음 외에는 아무 것도 필요없는 사람들입니다. 그러므로 하나님께서 이들에게 성령과 능력을 기름붓듯 합니다. 구원받을 자들을 이들에게 인도합니다. 이들은 하나님께도 너무 소중하여 세상과 구별하여 숨겨 놓은 것입니다. 이들은 아마 메뚜기와 석청만 먹고 있을지도 모릅니다. 이들은 집도 전대도 없을지 모릅니다. 그러니 사람의 힘으로 이들을 찾아낼 수 없습니다. 보아도 구별하지 못합니다. 오직 성령만이 이들에게로 인도할 수 있습니다.

여러분이 거짓 목사를 분별할 수 있기를 원할 때, 진리만 듣기를 갈망할 때, 기도와 거룩함으로 무장하여 사탄의 종들과 선한 싸움을 싸울 때, 여러분은 어느새 숨겨졌던 하나님의 보석같은 신실하고 참된 주의 종에게로 인도되어 있는 여러분을 발견할 것입니다. 그리하여 그간 거짓 목사들의 거짓 가르침으로부터 누리던 안락과 편안함과 부유한 삶은 어느새 사라지고 자아를 부인하고 자기 소유를 부인하고 자기 십자가를 지고 좁은 길로 가고 있는 스스로의 모습에 놀라게 될 것입니다.

이것이 거짓 사도와 거짓 선지자와 거짓 목사에게 승리하는 것이며 미혹을 이기는 것이며 구원받는 것이며 주님을 기쁘게 하는 것이며 하나님께 영광 돌리는 것입니다. 여러분 모두 거짓 종, 거짓 가르침으로부터 해방되고 참된 주의 종을, 참된 그리스도의 교회를 만나고 만들어 가기를 지금 오고 계신 메시아 우리 주 예수 그리스도의 이름으로 축복합니다.

"여호와께서 이르시되 너는 예루살렘 성읍 중에 순행하여 그 가운데에서 행하는 모든 가증한 일로 말미암아 탄식하며 우는 자의 이마에 표를 그리라 하시고" "그들에 대하여 내 귀에 이르시되 너희는 그를 따라 성읍 중에 다니며 불쌍히 여기지 말며 긍휼을 베풀지 말고 쳐서" "늙은 자와 젊은 자와 처녀와 어린이와 여자를 다 죽이되 이마에 표 있는 자에게는 가까이 하지 말라 내 성소에서 시작할지니라 하시매 그들이 성전 앞에 있는 늙은 자들로부터 시작하더라" "그가 또 그들에게 이르시되 너희는 성전을 더럽혀 시체로 모든 뜰에 채우라 너희는 나가라 하시매 그들이 나가서 성읍 중에서 치더라"

에스겔 9:4-7

12
목사와 교회로부터 시작되는 심판

하나님의 첫 심판의 대상은 주의 종들입니다. 심판을 시작하는 곳이 하나님의 성전입니다. 본문 말씀은 하나님께서 예루살렘 성읍을 심판하는 내용입니다. 회개하여 하나님의 표를 받은 자를 제외하고 모두 죽이라고 합니다. 그런데 죽이는 순서를 정하여 주었습니다. 하나님의 성소에서 시작하라고 합니다. 바알의 제단이나 우상 섬기는 곳에서 시작하라고 하지 않았습니다. 성소에서도 성전 앞 늙은 자들로부터 시작할 것을 명하였습니다. 여기서 말하는 성전 앞 늙은 자들은 일반 노인을 의미하는 것이 아닙니다. 이들은 제사장과 장로들을 의미하는 것입니다. 그러므로 성전 앞에 있는 늙은 자들이라고 표현한 것입니다.

성경은 세상의 타락이 주의 종의 타락을 반영하는 것이라고 말씀합니다. 예레미야 23장 25절에는 사악이 예루살렘의 선지자들로부터 나와서 온 땅에 퍼짐이라고 하였습니다. 미가 3장 11절, 12절도 예루살렘이 심판 받는 이유가 삯꾼 제사장과 선지자 때문이라고 말씀합니다.

> "그들의 우두머리들은 뇌물을 위하여 재판하며 그들의 제사장은 삯을 위하여 교훈하며 그들의 선지자는 돈을 위하여 점을 치면서도 여호와를 의뢰하여 이르기를 여호와께서 우리 중에 계시지 아니하냐 재앙이 우리에게 임하지 아니하리라 하는도다" "이러므로 너희로 말미암아 시온은 갈아엎은 밭이 되고 예루살렘은 무더기가 되고 성전의 산은 수풀의 높은 곳이 되리라" (미 3:11-12).

이 구절은 돈을 사랑하는 제사장과 선지자의 죄로 말미암아 예루살렘이 무더기가 되는 심판을 받는다고 말씀합니다. 이처럼 거짓 주의 종들은 심판의 원인이므로 심판의 때에 주의 종들이 가장 먼저 심판 받는 것은 당연한 것입니다. 그것은 하나님께서 세운 원칙입니다. 그렇다면 주의 종들을 먼저 심판한 후 그 다음 심판의 대상은 누구이겠습니까? 이것에 관하여도 본문 말씀에 암시되어 있습니다. 심판을 하나님의 성소에서 시작하라고 했습니다. 이 말씀은 하나님의 성소를 출입하는 자 즉 하나님을 믿고 예배하는 자들을 심판하라는 의미입니다.

그 당시에도 믿는 자와 믿지 않는 자들이 있었을 것입니다. 예배와 제사를 위하여 성소를 열심히 다닌 사람들도 있었고 성전

출입을 하지 않는 사람들도 있었을 것입니다. 이들 중에서 성전을 열심히 다니는 사람부터 심판하라는 것입니다. 지금으로 비유하면 불신자가 아니라 교회에 다니는 교인들부터 심판한다는 것입니다. 다시 현실에 적용하여 말씀드리면 심판의 첫 대상은 목사들이고 두 번째는 교인이라는 것입니다.

본문 말씀에는 두 부류의 사람들이 있습니다. 한 부류는 예루살렘의 가증한 일로 인하여 탄식하고 우는 자들이고 다른 한 부류는 그렇게 하지 않는 자들입니다. 그 중에서 탄식하며 울지 않는 자들이 죽임의 대상입니다. 여기에는 한 가지 중요한 포인트가 있습니다. 하나님께서 심판을 명하였는데 가증한 죄에 참여한 사람을 심판하라고 명령하지 않았습니다. 하나님의 심판의 기준은 탄식하며 울었냐는 사실입니다. 예루살렘에 어떠한 가증한 일들이 행하여졌습니다. 그런데 이러한 일에 참여하지 않았더라도 울며 탄식하지 않으면 죄가 되어 죽는 것입니다. 즉 이 말씀은 사람들이 자신이 속한 곳의 죄를 함께 회개하라는 것입니다.

욥은 자녀들의 죄를 씻으려고 자신이 제사를 드렸습니다. 느헤미야도 예루살렘이 황폐해진 소식을 듣고 하나님께 이스라엘의 죄를 자복하였습니다. 다니엘도 이스라엘의 죄를 자신의 죄처럼 회개하였습니다. 니느웨 백성이 범 국가적인 회개로 멸망을 면하였습니다. 여러분이 속한 가정이, 교회가, 국가가 죄에 빠진 것을 보았을 때 탄식하며 울라는 것입니다. 여러분은 그 죄에 속하지 않았을지라도 그러한 죄를 방관하지 말라는 것입니다. 여러분이 속한 곳의 죄를 보고도 침묵하면 죄가 됩니다. 그러므로 본문의 심판의 대상은 예루살렘의 가증한 일에 참여한 사람에 한정된 것이 아닙니다. 가증한 일에 참여한 사람은 물론 심판을 받겠지만 그러한 죄에 직접 상관하지 않았을지라도 그러한 죄를 보고 울며 탄식하지 않으면 심판을 받는 것입니다.

지금의 교회가 이 악한 세대를 위하여 가슴을 찢고 회개를 하지 않으면 심판의 대상이라는 것입니다. 시청 앞에서 동성애자들이 행진하는 것을 보고도 탄식하지 않는 목사와 교인은 망하는 것입니다. 몇년 전 부산에서 WCC에 속한 한국의 교회들이 무당과 각종 귀신을 섬기는 이방 종교와 함께 손을 잡고 잔치를 벌여 하나님의 이름과 대한민국의 땅을 더럽혔습니다. 이러한 것을 보고도 가슴을 찢지 않는다면 같은 죄를 짓는 것입니다. 백악관의 목사를 쫓아낸 후 예배 드리던 장소에 삼백 명의 게이들을 초대한 대통령을 보고도 애통해 하지 않는 사람들은 심판을 받는 것입니다.

거룩한 성 예루살렘이 피로 더럽혀지고 있음에도 울며 탄식하지 않는 자는 피 값이 그 사람들의 머리로도 돌아 간다는 것입니다. 여러분은 조국 대한민국 때문에 울며 기도하고 있습니까? 미국의 음란과 패역함으로 인해 상한 심령으로 간구하고 있습니까? 거룩한 성 예루살렘의 평강을 위하여 기도하고 있습니까? 스스로 죄가 없다고 여기면서 자신이 속한 사회와 국가의 죄를 대신하여 무릎 꿇고 회개하지 않으면 그 사람도 동일한 죄를 짓는 것입니다.

성경의 역사를 보면 참된 주의 종이 많지 않습니다. 대부분의 선지자, 제사장들은 악하였고 하나님의 진노와 미움의 대상이었고 심판을 받았습니다. 예레미야 23장 11절을 보겠습니다.

"여호와의 말씀이니라 선지자와 제사장이 다 사악한지라 내가 내 집에서도 그들의 악을 발견하였노라" (렘 23:11).

이 구절의 말씀은 그 당시 뿐만 아니라 이천 년 전 초대교회 시절에도 응하였습니다. 바울은 수많은 사람들이 하나님의 말씀을 혼잡하게 한다고 하였습니다. 말씀을 혼잡게 한다는 것은 하나님의 말씀을 돈 받고 팔고 다닌다는 의미입니다. 영어 성경에는 그러한 의미로 기록되어 있습니다. 바울이 사역하던 초대교회 시절에도 삯꾼들이 매우 많았다는 것을 의미하는 것입니다. 북 이스라엘에 참 선지자는 엘리야 혼자이고 거짓 선지자는 팔백오십 명이었습니다. 백성들은 그 중간에서 우물쭈물하였습니다. 이러한 상황은 지금도 변하지 않았습니다.

대한민국 목사의 대다수가 바알의 선지자입니다. 팔백오십 명 중에 엘리야같은 사람은 한 사람밖에 없습니다. 가짜와 진짜의 비율이 팔백오십대 일입니다. 많은 교인들이 참 목사가 너무 희귀하여 만날 수를 없으니 내키지 않아도 엉거주춤 바알의 제사장 설교를 듣고 있는 것입니다. 참으로 슬픈 현실입니다. 역사는 되풀이 됩니다. 같은 일이 반복해서 발생합니다. 지금 바뀐 것은 마차가 자동차로 바뀌고 컴퓨터가 있다는 것밖에 없습니다. 사람들도 바뀌지 않았고 주의 종들도 바뀌지 않았습니다. 세상이 음란하고 타락한 것도 변하지 않았습니다. 이렇게 악하고 패역한 세대를 만드는 것이 음란하고 돈을 탐하는 주의 종들이라는 것도 변하지 않았습니다.

마지막 때에 휴거가 일어나고 심판이 시작될 때에 거짓 목사들은 땅에 남겨질 것이며 그들의 설교와 가르침을 듣고 따르던 사람들도 함께 남겨질 것입니다. 휴거 직후에는 지구에 엄청난 파괴와 살상이 순식간에 닥치게 됩니다. 요한계시록 6장 12절에서 14절까지를 보겠습니다.

"내가 보니 여섯째 인을 떼실 때에 큰 지진이 나며 해가 검은 털로 짠 상복 같이 검어지고 달은 온통 피 같이 되며" "하늘의 별들이 무화과 나무가 대풍에 흔들려 설익은 열매가 떨어지는 것 같이 땅에 떨어지며" "하늘은 두루마리가 말리는 것 같이 떠나가고 각 산과 섬이 제 자리에서 옮겨지매" (계 6:12-14).

이 구절은 휴거 직후에 지구에 발생하는 일입니다. 큰 지진이 나고 유성들이 땅으로 떨어집니다. 그것도 한두 개가 아니라 무화과 열매가 바람에 떨어지듯이 많은 유성들이 지구에 충돌하는 것입니다. 지진과 유성 충돌의 위력이 얼마나 엄청난지 산과 섬이 제 자리에서 옮겨질 정도입니다. 이 내에 아미도 수천만 명에서 수억 명이 죽을지 모릅니다. 거짓 사도, 거짓 선지자, 거짓 목사, 거짓 교사들은 심판이 시작되는 이 순간에 거의 모두 죽을 것입니다. 왜냐하면 성전 앞에 늙은 자들이 심판의 첫 대상이기 때문입니다.

휴거되지 못하여도 환난을 겪으며 순교하여 구원받을 수도 있습니다. 환난을 끝까지 견디어 살아 남아 천년왕국의 백성으로 구원받을 길도 있습니다. 그러나 이러한 구원은 거짓 주의 종들에게 해당되지 않습니다. 미지근한 믿음을 가진 자, 거짓 목사에게 미혹된 교인들에게 해당되는 것이 아닙니다. 거짓 종들과 거짓 교인들은 환난이 시작되자 마자 회개의 기회도 갖지 못하고 순식간에 쓸려가게 될 것입니다. 왜냐하면 하나님의 심판이 성소에서 시작되기 때문입니다.

휴거 직후의 지진과 유성 충돌의 환난에서 살아 남는 거짓 주의 종들을 위하여는 하나님께서 즉각적으로 다른 심판을 준비해 놓았습니다. 이것은 예레미야서와 요한계시록에 예언되어 있습니다. 예레미야 23장 15절을 보겠습니다.

"그러므로 만군의 여호와께서 선지자에 대하여 이와 같이 말씀하시니라 보라 내가 그들에게 쑥을 먹이며 독한 물을 마시게 하리니 이는 사악이 예루살렘 선지자들로부터 나와서 온 땅에 퍼짐이라 하시니라"(렘 23:15).

이 구절은 선지자들에게 독한 물을 마시게 한다고 합니다. 여기서의 독한 물은 독이 들어간 물을 뜻합니다. 즉 거짓 선지자들을 독이 들어간 물을 마시게 하여 죽인다는 것입니다. 다음은 요한계시록 8장 10절, 11절을 보겠습니다.

"셋째 천사가 나팔을 부니 횃불 같이 타는 큰 별이 하늘에서 떨어져 강들의 삼분의 일과 여러 물샘에 떨어지니" "이 별 이름은 쓴 쑥이라 물의 삼분의 일이 쓴 쑥이 되매 그 물이 쓴 물이 되므로 많은 사람이 죽더라"(계 8:10-11).

이것은 세째 나팔의 재앙인데 휴거가 일어난 후 며칠 되지 않아 내려지는 재앙입니다. 이 때에 물 근원의 삼분의 일에 독이 들어가 많은 사람들이 마시고 죽게 된다고 합니다. 거짓 주의 종들을 독이 든 물을 마시게 하여 심판한다는 예레미야서의 예언이 마지막 때에 거짓 사도, 거짓 선지자, 거짓 목사들에게 응하게 되는 것입니다.

이처럼 성경은 거짓 종들이 마지막 때에 환난이 시작되자마자 모두 죽게 되는 것을 계시하고 있습니다. 거짓 주의 종들을 환난의 시작과 함께 모두 멸망시키는 이유가 있습니다. 하나님께서는 이들을 환난 가운데 고통을 당하게 하며 천천히 죽일 수도 있습니다. 그러나 이들이 계속 살아 있다면 환난 중에도 사람들을 미혹할 것이기 때문입니다. 휴거되지 놋한 사람들을 회개하게 하지 않고 더 좋은 구원을 위하여 남겨진 것이라고 가르칠 것이기 때문입니다. 자신이 남겨진 것을 합리화시키기 위하여서도 그렇게 가르칠 수밖에 없습니다. 이들은 베리칩이 짐승의 표가 아니니 받으라고 할 것입니다. 환난 중에도 한 영혼이라도 더 지옥으로 끌고 가려 할 것입니다. 이것이 거짓 주의 종의 사명입니다. 그러므로 하나님께서는 남겨진 자들의 구원을 돕기 위하여라도 이러한 사탄의 종들을 심판 초장에 쓸어버릴 것입니다. 하나님께서 이렇게 하시는 것은 남겨진 자들에 대한 배려이며 사랑인 것입니다.

성경의 역사를 통틀어 하나님의 긍휼을 입지 못하는 유일한 부류의 사람들이 있습니다. 그들은 거짓 주의 종들입니다. 성경에는 회개하여 돌아 온 예가 없는 한 부류의 사람들이 있습니다. 그들은 삯꾼들입니다. 주님으로부터 일곱 번 저주를 받은 한 부류의 사람들이 있습니다. 그들은 가짜 주의 종들입니다. 거짓 주의 종들은 하나님의 원수이며 하나님께서 가장 미워하는 자들입니다. 왜냐하면 사람들의 영혼을 사냥하여 지옥으로 끌고가기 때문입니다. 다른 모든 죄인은 그 죄가 아무리 악하여도 자신의 죄로 자신만 지옥으로 갑니다. 그러나 거짓 종은 자신도 지옥으로 갈뿐더러 다른 영혼들을 배나 더 지옥 자식이 되게 하기 때문입니다. 그러니 이러한 자들이 제일 먼저 심판의 대상이 되는 것은 당연한 것입니다.

그렇다면 이러한 거짓 주의 종을 따르는 사람들은 어떻게 되겠습니까? 거짓 목사의 설교를 매주 듣고 있는 교인들은 어떻게 되겠습니까? 양들은 심판이 시작되기 전까지는 하나님의 긍휼을 입습니다. 하나님께서 기다리고 참습니다. 그러나 심판이 시작되면 양들도 목자와 함께 긍휼 없는 심판을 받게 됩니다. 예레미야 25장 34절에서 36절까지를 보겠습니다.

> "너희 목자들아 외쳐 애곡하라 너희 양 떼의 인도자들아 잿더미에서 뒹굴라 이는 너희가 도살 당할 날과 흩음을 당할 기한이 찼음인즉 너희가 귀한 그릇이 떨어짐 같이 될 것이라" "목자들은 도망할 수 없겠고 양 떼의 인도자들은 도주할 수 없으리로다" 목자들이 부르짖는 소리와 양 떼의 인도자들이 애곡하는 소리여 여호와가 그들의 초장을 황폐하게 함이로다" (렘 25:34-36).

여기서 목자는 주의 종, 목사를 의미합니다. 이들은 심판의 날에 도살을 당할 것이니 애곡하고 잿더미에서 뒹굴라고 합니다. 이들은 도망할 수 없다고 합니다. 환난 날에 살아 남지 못하는 것이며 돌이켜 구원받지 못하는 것입니다. 36절 끝 부분에는 그들의 초장이 황폐하게 된다고 합니다. 목자는 죽어도 초장은 푸르고 기름지게 하여 양들을 먹일 것이라고 말씀하지 않습니다. 여기서 초장은 교회를 뜻하는 것입니다. 거짓 목사의 교회는 황폐하게 됩니다. 교회가 황폐하게 된다는 것은 교인들도 모두 목자와 함께 멸망한다는 것입니다. 마지막 심판의 때 양들은 목자와 같은 운명이 되는 것입니다.

거짓 선지자나 거짓 제사장의 말을 듣는 것은 죄입니다. 그것도 하나님께서 매우 미워하는 죄 중에 하나입니다. 그러므로 하나님께서 그러한 자들을 보응합니다. 거짓 주의 종인줄 몰랐던 알았던 상관이 없습니다. 죄는 알고 지어도 죄이고 모르고 지어도 죄입니다. 예레미야 5장 30절, 31절을 보겠습니다.

> "이 땅에 무섭고 놀라운 일이 있도다" "선지자들은 거짓을 예언하며 제사장들은 자기 권력으로 다스리며 내 백성은 그것을 좋게 여기니 마지막에는 너희가 어찌하려느냐"(렘 5:30-31).

이 구절에는 두 가지 메시지가 있습니다. 하나는 거짓 목사를 사람들이 좋게 여긴다는 것이고 다른 하나는 이러한 일이 하나님이 보기에 무섭고 놀라운 일이라는 것입니다. 이처럼 놀랍고 기괴한 일이 현대의 교회에서 일어나고 있습니다. 하나님께서는 거짓 목사를 좋게 여기는 이러한 교인들을 몹시 안타까와 하여 결국에는 너희가 어찌하려느냐고 말씀합니다. 이 말씀의 뜻은 너희가 거짓 목사를 분별하지 못하고 좋게 여기므로 결국에는 거짓 목사와 함께 멸망하지 않겠느냐고 안타까워하는 것입니다. 거짓 목사의 메시지를 듣고 있는 것, 거짓 목사의 교회를 섬기는 것은 거짓 목사를 인정하는 것이며 좋게 여기는 것입니다. 이 구절은 거짓 목사의 설교를 듣고 있는 사람들은 결국에 거짓 목사와 함께 멸망한다고 말씀하는 것입니다. 예레미야 14장 15절, 16절을 보겠습니다.

> "그러므로 내가 보내지 아니하였어도 내 이름으로 예언하여 이르기를 칼과 기근이 이 땅에 이르지 아니하리라 하는 선지자들에 대하여 여호와께서 이와 같이 말씀하셨노라 그 선지자들은 칼과 기근에 멸망할 것이요" "그들의 예언을 받은 백성은 기근과 칼로 말미암아 예루살렘 거리에 던짐을 당할 것인즉 그들을 장사할 자가 없을 것이요 그들의 아내와 아들과 딸이 그렇게 되리니 이는 내가 그들의 악을 그 위에 부음이니라" (렘 14:15-16).

이 말씀도 거짓 선지자와 그의 예언을 좋게 여기며 들은 백성이 함께 심판 받는 것을 보여줍니다. 다음은 예레미야 20장 6절을 보겠습니다.

> "바스훌아 너와 네 집에 사는 모든 사람이 포로 되어 옮겨지리니 네가 바벨론에 이르러 거기서 죽어 거기 묻힐 것이라 너와 너의 거짓 예언을 들은 네 모든 친구도 그와 같으리라 하셨느니라" (렘 20:6).

이 구절도 거짓 예언을 한 사람과 그것을 들은 사람들이 모두 함께 죽임을 당한다고 말씀합니다. 다음은 예레미야 27장 15절을 보겠습니다.

"이는 여호와의 말씀이니라 내가 그들을 보내지 아니하였거늘 그들이 내 이름으로 거짓을 예언하니 내가 너희를 몰아내리니 너희와 너희에게 예언하는 선지자들이 멸망하리라" (렘 27:15).

여기에서도 거짓 선지자와 그 말을 들은 사람들이 함께 멸망하는 것을 말씀합니다. 지금까지 살펴 본 것처럼 목자와 양은 같은 운명입니다. 하나님께서 거짓 목자를 따르는 자들에게 내리는 벌이 바로 그 거짓 목자와 함께 심판 받게 하는 것입니다. 여러분이 거짓 목자를 구분하지 못하여도 죄는 동일합니다. 그렇다면 지금처럼 온통 세상이 거짓 주의 종에게 욱여쌈을 당하고 있다면 차라리 목자가 없는 편이 나은 것입니다. 거짓 목사를 분별할 힘이 없다면 교회를 가는 것보다 차라리 집에서 예배 드리는 것이 오히려 하나님께 죄를 짓지 않는 것이며 영혼을 지키는 방법입니다.

거짓 목사를 따르는 교인들은 미지근합니다. 믿음이 뜨겁지도 차지도 않습니다. 이러한 믿음은 하나님께서 토해버린다고 했습니다. 이러한 사람들도 교회의 예배에는 빠지지 않습니다. 봉사도 조금 하며 찬양대를 섬기기도 합니다. 오랫 동안 신앙 생활을 하였습니다. 그러나 쉬지 않고 기도하는 사람은 아닙니다. 금식을 하는 사람도 아닙니다. 때를 얻으나 못 얻으나 전도하거나 주야로 말씀을 묵상하는 사람도 아닙니다. 가난한 사람을 힘써 돕지도 않습니다. 이러한 사람들은 가장 편한 삶을 사는 범위 내에서 종교 생활을 하는 것입니다. 이러한 사람들이 바로 주님이 뱉어 버린다고 한 사람들이며 심판이 시작되는 순간 목자와 함께 멸망당하게 될 사람들입니다.

그러므로 교인들 중에 휴거되지 못하면 환난을 통과하며 구원을 받겠다고 계획하는 사람이 있다면 그 계획은 잘 성취되지 않을 것입니다. 환난을 거치며 주께로 돌아오는 자들은 오히려 차가운 사람들입니다. 믿지 않던 사람들입니다. 이 사람들은 주님 오실 때에 늦게나마 깨닫고 회개하여 돌아와 환난을 당하면서도 믿고 구원받게 됩니다.

마태복음 21장 31절에는 "…내가 진실로 너희에게 이르노니 세리들과 창녀들이 너희보다 먼저 하나님의 나라에 들어가리라"고 말씀합니다. 누가복음 6장 20절은 "…너희 가난한 자는 복이 있나니 하나님의 나라가 너희 것임이요" 라고 말씀합니다. 마태복음 19장 30절에는 "…먼저 된 자로서 나중 되고 나중 된 자로서 먼저 될 자가 많으니라"고 쓰여있습니다. 누가복음 14장 21절은 "…가난한 자들과 몸 불편한 자들과 맹인들과 저는 자들을 데려오라 하니라"고 말씀합니다. 스바냐 3장 19절은 "…저는 자를 구원하며 쫓겨난 자를 모으며 온 세상에서 수욕 받는 자에게 칭찬과 명성을 얻게 하리라"고 말씀합니다.

환난 중에 짐승의 표를 받지 않고 순교하거나 끝까지 믿음을 지켜 살아 남는 사람들은 이러한 사람들입니다. 손가락질을 받던 사람들, 너무 천하여 복음이 전해지기도 어려웠던 사람들, 평생 불구로 살았던 사람들, 먹을 것이 없어 병들고 죽어 가는 자들, 이 사람들은 스스로를 부끄러워 하는 사람들이며 너무 가난하여 먹을 식량만 있어도 감사하며 욕심이 없는 자들입니다. 이러한 사람들이 하나님의 긍휼을 입습니다. 이러한 사람들이 나중 된 자로서 먼저 되는 자들이며 주님 오실 때 돌아 오는 사람들입니다. 휴거되지 못하여도 환난을 겪으며 구원받게 되는 자들은 교회 안의 미지근한 사람들, 미혹된 사람들이 아닙니다. 휴거가 일어나는 순간 교회는 양과 염소로 갈리면서 양들은 휴거를 하는 것이고 염소들은 즉시 멸망하는 것입니다. 심판이 성소로부터 시작된다는 본문 말씀을 다시 한번 상기하기 바랍니다.

본문 말씀은 하나님께서 심판을 시작하기 전에 구원받을 사람들의 이마에 표를 그립니다. 이것은 휴거의 예표입니다. 심판 전에 하나님께서 회개한 자들, 거룩한 자들은 먼저 인을 쳐 구원하는 것입니다. 즉 휴거로 주님의 거룩한 신부들을 먼저 하늘로 데려가고 그 후에 심판을 하는 것입니다. 세상에는 두 가지의 표가 있습니다. 하나는 구원의 표, 어린 양의 표이고 하나는 멸망의 표, 짐승의 표입니다. 어린 양의 표를 받는 자는 구원받는 것입니다. 예수 그리스도의 영으로 인침을 받은 자만 휴거하는 것입니다. 구원과 심판은 동시에 일어납니다. 노아는 홍수로 구원받았고 나머지는 홍수로 죽었습니다. 이스라엘 백성은 홍해 바닷물로 구원받았으나 애굽 군대는 바닷물로 멸망당했습니다.

노아의 홍수와 홍해의 사건은 세례의 상징입니다. 어떤 사람은 물로 세례를 받았고 어떤 사람은 물로 심판을 받았습니다. 예수의 재림이 어떤 사람에게는 구원이고 어떤 사람에게는 멸망입니다. 물이 모두에게 같은 물이 아닙니다. 표가 모두 같은 표가 아닙니다. 예루살렘의 죄로 인하여 탄식하는 자가 받는 표는 회개했다는 표이며 거룩하다는 표이며 구원의 표입니다. 자신의 죄, 세상의 죄에 둔감하고 회개를 모르는 자들은 다른 표를 받습니다. 그것은 사탄의 표, 짐승의 표, 멸망의 표입니다. 거룩하지 않은 자들은 지옥에 입장하는 표를 받는 것입니다. 본문 말씀 중 에스겔 9장 7절을 보겠습니다.

"그가 또 그들에게 이르시되 너희는 성전을 더럽혀 시체로 모든 뜰에 채우라 너희는 나가라 하시매 그들이 나가서 성읍 중에서 치더라"(겔 9:7).

이 구절에는 하나님의 진노가 들어 있습니다. 성전에 대한 하나님의 분노가 매우 큽니다. 시체로 성전의 모든 뜰을 채우라고 합니다. 이 구절의 말씀은 마지막 환난의 때에 교회가 교인들의 시체로 채워지는 것을 상상케 합니다. 명령을 받은 하나님의 사자들은 즉시 이 일을 수행합니다. 탄식하며 우는 자의 이마에 표를 하자마자 즉시 시작합니다. 즉 휴거가 일어나자 마자 남겨진 교회는 이렇게 되는 것입니다. 구원과 심판이 동시에 일이니는 것입니다. 회개할 시간도 없습니다. 도망갈 궁리를 할 여유도 없이 멸망이 닥치는 것입니다. 노아의 홍수처럼 소돔의 유황불처럼 심판이 덮치는 것입니다. 본문 말씀 중 에스겔 9장 5절을 다시 보겠습니다.

> "그들에 대하여 내 귀에 이르시되 너희는 그를 따라 성읍 중에 다니며 불쌍히 여기지 말며 긍휼을 베풀지 말고 쳐서"(겔 9:5).

하나님은 오래 참습니다. 그러나 일단 칼을 뽑으면 불쌍히 여기지 않고 긍휼을 베풀지 않습니다. 늙은 자와 젊은 자와 처녀와 어린이와 여자를 다 죽이라고 합니다. 이것이 휴거 후에 벌어질 심판입니다. 이것이 휴거 직후에 교회에 임할 심판입니다. 그러니 여러분은 어떠한 교회가 되어야 하겠습니까? 번영 복음, 세상 복음, 돈 복음, 황금 송아지 복음, 포스트모더니즘 복음, 동성연애 복음, 거짓 복음의 교회로부터 멀리해야 하지 않겠습니까? 그리스도의 십자가를 방탕의 수단으로 삼는 한번 구원은 영원한 구원이라는 거짓 가르침에 저항해야 하지 않겠습니까? 교회 안의 바알의 제사장들과 선한 싸움을 해야하지 않겠습니까? 자신의 죄는 물론 세상의 죄를 가슴 아파하고 울며 탄식하는 자가 되어야 하지 않겠습니까? 그리하여 그 날에 반드시 들림 받아야 하지 않겠습니까?

  예수를 믿는다 하면서 남겨진다면 주님을 부끄럽게 하는 것입니다. 주님을 부끄럽게 한 죄가 큰 것입니다. 여러분이 그 날에 땅에 남겨지면 주를 믿는다 하면서 의롭지 않았던 것입니다. 주를 사랑한다고 입으로는 말하고 거룩하게 살지 않았던 것입니다. 여러분은 미지근한 것이고 미혹된 것입니다. 그리하여 여러분이 심판이 교회로부터 시작하는 이유이고 원인이 되어버린 것입니다.

  심판이 절간으로부터 시작되지 않습니다. 점쟁이나 무당의 집에서 심판이 시작되지 않습니다. 심판은 기도하는 집이라 일컫는 교회로부터 시작하며 이 심판은 임박합니다. 그러니 광명의 천사로 가장한 사탄의 종들을 분별하고 그러한 교회에서 속히 나오십시오. 그리스도 안의 형제들과 여러분의 혈육들과 여러분의 조국과 여러분이 거주하는 곳과 예루살렘과 이스라엘과 온 열방의 죄로 말미암아 탄식하며 우는 자가 되십시오. 그리하여 어린 양의 표, 구원의 표로 인침을 받으십시오. 여호와의 심판이 임박합니다.

Pastors who will go to hell

IV
거짓 목사와의 전쟁

13. 한국의 대표적인 거짓 목사들
14. 거짓 목사를 몰아내라

"만일 누가 가서 우리가 전파하지 아니한 다른 예수를 전파하거나 혹은 너희가 받지 아니한 다른 영을 받게 하거나 혹은 너희가 받지 아니한 다른 복음을 받게 할 때에는 너희가 잘 용납하는구나"

고린도후서 11:4

"그런 사람들은 거짓 사도요 속이는 일꾼이니 자기를 그리스도의 사도로 가장하는 자들이니라" "이것은 이상한 일이 아니니라 사탄도 자기를 광명의 천사로 가장하나니" "그러므로 사탄의 일꾼들도 자기를 의의 일꾼으로 가장하는 것이 또한 대단한 일이 아니니라 그들의 마지막은 그 행위대로 되리라"

고린도후서 11:13-15

음란하고 타락한 한국 목사들

13
한국의 대표적인 거짓 목사들

한국에는 광명의 천사로 가장한 사탄의 일꾼들이 많은데 공통점은 모두 유명하다는 것입니다. 모두 큰 교회 건물을 지었다는 것입니다. 많은 사람들이 좋게 여긴다는 것입니다. 누가복음 6장 26절을 보겠습니다.

"모든 사람이 너희를 칭찬하면 화가 있도다 그들의 조상들이 거짓 선지자들에게 이와 같이 하였느니라"(눅 6:26).

지금도 한국에서 가장 칭찬을 많이 받는 목사는 조용기입니다. 어느 설문 조사에는 한국의 목사들이 가장 따르고 싶은 목사 중에 조용기가 일등이었다고 합니다. 모든 사람이 칭찬을 하면 거짓 교사라는 성경의 말씀이 조용기에게 응한 것입니다. 이 사람은 그 설교 내용도 거짓 가르침일뿐더러 여자 문제, 돈 문제 등 참으로 부끄러운 일에 많이 관련되어 있고 하나님께서 여러 차례 경책하고 수치를 당하게 하였음에도 스스로도 후안무치하고 사람들도 꾸준히 좋게 여기고 있습니다.

지금부터는 조용기를 비롯한 한국의 대표적인 거짓 목사 몇 사람을 예를 들어 한국의 교회들이 어떻게 미혹되어 있고 망해가고 있는지를 살펴보고자 합니다. 아울러 거짓 목사들에게 속고 있는 많은 주의 양들에게 거짓 목사를 분별하는 지혜와 지식을 주어 그들을 미혹으로부터 돌이키게 하려고 합니다. 이들은 거짓 교사임으로 호칭은 생략합니다. 우선 조용기에 대하여 살펴보겠습니다. 조용기는 크게 두 가지로 유명합니다. 첫째, 세계에서 가장 큰 교회를 지었다는 것이며 둘째로 한국 기독교의 부흥에 큰 역할을 하였다는 것입니다. 두 가지 모두 사실입니다.

그런데 사람들이 긍정적으로 평가하는 이 두 가지 사실은 오히려 이 사람이 거짓 목사임을 반증하는 것입니다. 왜냐하면 첫째로 교회 건물에 큰 돈을 들이는 것은 성경적이지 않기 때문입니다. 초대교회의 시절 한 번에 삼천 명이 주께 돌아오는 부흥이 있을 때에도 사도들은 교회 건물을 짓지 않았습니다. 호화롭고 비싼 교회 건물을 지은 것은 미혹의 종교 천주교에서 행하던 것입니다. 그들은 가난한 사람들의 연보를 걷어 호화스러운 성베드로 성당을 지었습니다. 그러한 나쁜 전통이 기독교에도 들어온 것이며 그것의 본을 보인 사람이 조용기입니다.

둘째로, 이사람은 원래부터 돈 복음, 번영 복음을 전하던 자입니다. 예수를 믿으면 부자된다는 비성경적인 메시지로 부흥을 이루었습니다. 즉 처음부터 잘못 믿도록 미혹을 한 결과가 된 것입니다. 지금 그 후유증이 심각합니다. 오히려 그러한 부흥은 없었으면 더 좋을뻔 한 것입니다. 이 사람은 지금도 돈 많이 벌어서 거부가 되라는 설교를 하고 다닙니다. 한국의 교회는 번영 복음과 한번 구원은 영원한 구원이라는 잘못된 가르침으로 총체적인 어려움에 처해있는데 이것의 대표적인 뿌리가 조용기입니다. 이 사람이 처음부터 사탄의 일꾼이었는지 중간에 변질되었는지는 모르겠습니다. 그러나 분명한 것은 이 사람은 오래 전부터 거짓 목사였다는 것입니다.

수년 전에 조용기는 동국대학에서 설교를 한 적이 있습니다. 동국대학은 불교를 바탕으로 세워진 대학입니다. 이 대학에서 조용기는 불교에도 구원이 있다는 거짓 설교를 하였는데 내가 인터넷을 통하여 직접 들었습니다. 이 사람은 목사라고 할 수 없습니다. 요즈음은 성경에도 없는 사차원의 세계에 대하여 횡설수설하고 다닙니다. 순복음교회가 이러한 거짓 목사, 사탄의 종에 의하여 세워지고 부흥이 되었다면 그 교회의 교인들은 지금이라도 분별하여야 할 것입니다. 영적인 뿌리는 쉽게 제거되지 않습니다. 성령의 역사인지 귀신의 역사인지를 분별하지 못하면 미혹되고 미혹된 사람은 구원받지 못합니다. 조용기의 설교를 먹고 신앙생활을 한 사람들, 현재도 먹고있는 사람들은 돌이키고 회개를 하여야 할 것입니다.

어떤 사람은 그래도 조용기를 통하여 많은 사람들이 예수를 믿게 된 것은 사실이므로 좋게 여겨야 한다고 말합니다. 그러나 그 사람이 아무리 많은 사람들을 주께로 인도하였고 아무리 많은 사람들을 치유하고 귀신을 쫓아내었어도 아무리 많은 교회를 세웠어도 거짓 교사인 것은 변하지 않았습니다. 선한 일을 아무리 많이 행하였어도 회개하지 않은 죄 하나로 멸망당하는 것이 하나님의 공의입니다. 그리고 거짓 주의 종을 좋게 여기는 것은 죄이며 그 죄값은 그 거짓 종과 함께 망하는 것입니다. 하나님께서는 거짓 목사를 몰라보고 좋게 여기는 사람들을 매우 안타깝게 여기며 이렇게 말씀하였습니다. 예레미야 5장 31절을 보겠습니다.

"선지자들은 거짓을 예언하며 제사장들은 자기 권력으로 다스리며
내 백성은 그것을 좋게 여기니 마지막에는 너희가 어찌하려느냐"
(렘 5:31).

여기서 주목하려는 것은 그것을 좋게 여기니라는 부분입니다. 조용기 때문에 예수를 믿게 되었고 조용기가 병을 고쳐주었더라도 조용기에게 한 때 은혜를 받았더라도 그 사람을 좋게 여기면 마지막에는 망하지 않겠느냐고 하나님께서 한탄하는 것입니다. 조용기는 아시아를 대표하는 세계적인 거짓 목사입니다. 한 세대

를 장식한 가장 위대한 사탄의 일꾼 중의 하나입니다. 그러니 그가 세운 순복음교회도 분별하고 주의하십시오.

다음에는 조용기의 대를 잇고 있는 김삼환에 대하여 살펴보겠습니다. 이 사람은 한국의 명성교회라는 곳에서 설교를 합니다. 이 사람은 로만 가톨릭이 조종하는 배도의 단체인 WCC의 한국 회장인데 몇 년 전에 WCC총회를 한국의 부산에서 개최하여 기독교가 귀신들과 함께 잔치를 벌일수 있도록 멍석을 깐 주모자이며 우두머리입니다. WCC세계총회를 부산에서 개최한 것은 한국의 기독교 역사이래 한국의 땅을 가장 더럽힌 사건이며 주님께서 가장 진노한 일 중의 하나인데 이 일을 주도한 자가 바로 김삼환입니다. 그런데 이 사람도 조용기처럼 사람들이 좋게 여깁니다. 큰 교회 건물과 많은 교인 수로 유명합니다. 명성교회의 수만 명의 교인들이 그를 좋게 여깁니다. 그러니 이사람에게도 주님께서 한 모든 사람들이 좋게 여기면 거짓 선지자라는 말씀이 응하는 것입니다.

WCC는 기독교인이 5억 명이나 가입된 세계적인 기독교 배도 단체인데 이 사람이 그 단체의 지도자 중의 하나입니다. 여기에는 수 많은 교단들이 가입되어 있습니다. 그러나 교인들은 대부분 자신의 교회가 WCC에 가입되어 있는지도 모르며 WCC가 무엇인지도 모르며 그런 것이 존재하는지도 모릅니다. WCC는 모든 종교를 하나로 통합하려는 자들이 먼저 기독교를 통합하기 위하여 만든 단체입니다. 그러니 이들은 이미 이방 종교와도 함께 손을 잡고 모든 종교에 구원이 있다는 다원주의를 지향하고 있습니다. 이 곳의 머리가 김삼환입니다. 무엇 보다도 가장 불쌍한 사람들은 명성교회 교인들입니다. 이들은 WCC가 오히려 좋은 일을 하는 것으로 잘못 배워 알고 있습니다. 매우 깊은 미혹에 빠져있는 것입니다. 그러니 사탄의 일꾼인 김삼환을 좋게 여기며 그가 주는 양식이 멸망으로 인도하는 줄도 모른 채 받아먹고 있는 것입니다.

이 사람은 얼마 전에 은퇴하면서 퇴직금을 삼십억 원이나 받았는데 주는 교회나 받는 삯꾼이나 동일한 죄를 지은 것입니다. 명성교회는 가난한 자의 헌금으로 김삼환에게 지급한 삼십억 원이 적은 금액이라고 발표하였습니다. 삼십억이 적다고 말하는 이 교회가 제 정신인 것입니까? 받은 후에 돈을 교회에 헌납하겠다고 하였지만 엄청난 액수의 돈을 받고 헌납하는 일련의 행위가 하나님의 전을 도둑의 소굴로 만드는 것이 아니고 무엇이겠습니까? 성경을 어떻게 가르쳤으면 교인들이 삼십억 원이나 지급하기로 결정하였겠습니까?

베드로와 요한은 금과 은이 없었습니다. 베드로는 예수 그리스도의 이름만 갖고 있었습니다. 그러니 앉은뱅이를 걷게 하는 능력을 행할 수 있었습니다. 재물이 있는 자, 재물을 사랑하는 자는 능력이 없습니다. 주의 종은 주님의 길을 본 받아 마지막에는 십자가에 못 박히는 것입니다. 그런데 양손에 무엇인가를 쥐고 어떻게 십자가에 못박히겠습니까? 돈을 잔뜩 쥐고 있는 그

손에 못이 들어가겠습니까? 장로가 자살을 하는 교회라면 그곳은 성령이 지배하는 교회는 아닙니다. 목사의 너러움 때문에 교인이 교회 건물 안에 오물을 뿌렸다면 그곳은 이미 음부의 권세가 잡고 있는 곳입니다. 마태복음 23장 13절에서 15절까지를 보겠습니다.

"화 있을진저 외식하는 서기관들과 바리새인들이여 너희는 천국 문을 사람들 앞에서 닫고 너희도 들어가지 않고 들어가려 하는 자도 들어가지 못하게 하는도다" "화 있을진저 외식하는 서기관들과 바리새인들이여 너희는 교인 한 사람을 얻기 위하여 바다와 육지를 두루 다니다가 생기면 너희보다 배나 더 지옥 자식이 되게 하는도다" (마 23:13-15).

이 말씀이 지금 거짓 종 김삼환과 그의 설교를 듣는 교인들에게 응하였습니다. 그러니 명성교회 교인들은 이제 구원받기 원한다면 악인들의 장막인 명성교회를 떠나십시오.

다음은 수천억 원을 들여서 교회 건물을 짓고 그 이름을 사랑의교회라고 부르는 오정현이라는 사람에 대하여 살펴보겠습니다. 이 사람도 삯꾼입니다. 일 년에 수십 일을 고급 호텔이나 리조트에 머물며 골프를 칩니다. 골프는 세상 오락입니다. 교인들에게도 하지 말라고 가르쳐야 할 것을 스스로도 할뿐더러 그것도 가난한 자들의 연보로 고급 호텔을 드나들며 즐기고 있습니다. 주의 종은 거룩한 것과 거룩하지 않은 것을 사람들에게 가르치는 것이 사명입니다. 즉 세상과 구별되라고 가르쳐야 할 목사가 스스로 세상 가운데 빠져 있으니 어떻게 교인들을 바르게 가르치겠습니까?

이 사람은 한 달 동안 휴가를 다녀온 적이 있는데 그 휴가 기간 동안 전 세계를 다니며 하나님께 바쳐진 헌물 수천만 원을 사용하였습니다. 예수께서 지중해 바닷가로 휴가간 적 있습니까? 예수의 제자들이 갈릴리 호수가에서 해수욕하며 피서를 즐긴 적이 있습니까? 예수께서는 마차 타고 고급 도시락 싸가지고 다니며 사역하지 않았습니다. 무화과 열매 따먹고 벼이삭 비벼 먹으며 사역했습니다. 그런데 이 사람은 이삼십만 원짜리 식사를 수시로 먹고 다닙니다. 오정현이가 지금 하는 짓은 하나님께 바쳐진 귀한 성물로 자신의 배는 채우고 양들은 굶기고 있는 것입니다. 이사야 56장 11절을 보겠습니다.

"이 개들은 탐욕이 심하여 족한 줄을 알지 못하는 자들이요 그들은 몰지각한 목자들이라 다 제 길로 돌아가며 사람마다 자기 이익만 추구하며"(사 56:11).

지금 이 말씀이 오정현에게 응하였습니다. 참으로 몰지각하고 탐욕이 심한 자입니다. 사탄은 속이는자입니다. 거짓말로 속이는데 능합니다. 사탄의 일꾼인 오정현의 거짓과 위선에 대하여 살펴보겠습니다. 이 사람은 박사학위 논문을 표절하였습니다. 다른 사람의 것을 거의 그대로 베낀 것이 드러났습니다. 표절하였다면 사임하겠다고 하였는데 표절이 밝혀진 지금 그는 사임하지 않았습니다. 표절하지 않았다는 거짓말에 이어 사임하겠다는 또 다른 거짓말을 한 것입니다. 이 사람은 박사학위 논문뿐만 아니라 학력자체가 거의 불투명합니다. 사람들이 딜레마에 빠졌습니다. 이 사람이 말 할때 마다 시간과 비용을 들여 사실을 확인해야 할지 사실을 그냥 인정할지 딜레마에 빠지는 것입니다.

이사람이 정직하지 않은 것은 그뿐이 아닙니다. 영수증도 가짜를 만들어 교회에 제출합니다. 북한에 땅 사용권을 사고 수십만 불을 지급하였다고 영수증을 만들어 왔는데 거짓으로 들어났습니다. 이처럼 오정현이 부정직하고 도덕적으로 심각하게 타락한 것은 세상에 알려졌고 증명이 되었습니다. 그럼에도 불구하고 대부분의 교인들은 이 사람의 설교를 계속 듣고 있습니다. 이것은 주의 종이 타락한 것보다 훨씬 더 놀랄만한 일입니다. 이 사람들은 거짓 교사의 말을 듣는 자들이 거짓 교사와 함께 망한다는 성경의 기본적인 가르침조차도 모르는 것입니다. 미혹되어 있는 것입니다. 예레미야 27장 15절을 보겠습니다.

> "이는 여호와의 말씀이니라 내가 그들을 보내지 아니하였거늘 그들이 내 이름으로 거짓을 예언하니 내가 너희를 몰아내리니 너희와 너희에게 예언하는 선지자들이 멸망하리라" (렘 27:15).

이 구절은 하나님의 이름으로 거짓 예언하는 자들이 그 예언을 듣는 자들과 함께 멸망한다고 말씀합니다. 성경은 이 구절 외에도 같은 의미로 여러 차례 말씀하고 있습니다. 그리스도의 이름으로 거짓 설교를 하고 있는 오정현의 설교를 듣고 있다가 함께 망하지 마십시오. 거짓말 하는 자를 덮어주는 것은 사랑이 아닙니다. 거짓 종은 쫓아내라는 것이 성경의 가르침입니다. 쫓아내도 나가지 않는다면 교인들이 교회를 떠나야 할 것입니다. 무늬만 구원의 방주인 그 곳을 떠나십시오. 주님 오실 때 들림 받으려면 그 교회를 떠나십시오. 그렇지 않으면 거짓 목사 오정현과 함께 땅에 남겨지고 순식간에 모두 멸망으로 들어갈 것입니다.

다음은 한국에서 가장 큰 예배당을 지은 윤석전에 대하여 살펴보겠습니다. 이 사람이 매주 소리 지르는 곳은 연세중앙교회입니다. 이 사람은 베리칩을 짐승의 표가 아니라고 가르치는 대표적인 거짓 목사입니다. 많은 사람들이 이 사람에게 속는 이유는 두 가지입니다. 하나는 회개와 지옥에 관한 설교를 많이 하기 때문이며 둘째는 재산이 없기 때문입니다. 사탄도 때가 가까와 오니 속이는 단수가 점점 높아지는 것입니다. 보통은 회개의 설교를 많이 하는 사람은 거짓 교사가 아니라고 생각합니다. 또한 돈 욕심이 없고 재산이 없으면 참 목사일 것으로 생각합니다. 이 두 가지의 헛점을 노리고 사탄이 사용하는 자가 바로 윤석전입니다.

이 사람이 회개와 지옥에 대하여 듣기 거북한 특유의 갈라지는 목소리로 비명을 지르며 설교하는 것은 널리 알려져 있습니다. 또한 스스로 양복도 한 벌밖에 없고 집도 없이 교회에서 산다고 말합니다. 이것도 교인들에게 널리 알려진 사실입니다. 그러나 이러한 사실이 이 사람이 참 목사라는 것을 증거하지는 못합니다. 이 두 가지는 참 목사들이 갖추어야 할 여러가지 조건 중에 일부분입니다. 이 사람이 겉으로 보기에는 주의 종으로서 본받을 만한 삶을 사는 듯이 보여도 베리칩이 짐승의 표가 아니라는 틀린 가르침 하나만으로도 이 사람은 돌아올 수 없는 사탄의 일꾼인 것을 증명하는 것입니다.

베리칩이라고 불리는 컴퓨터칩이 짐승의 표인 것은 마지막 때를 살고 요한계시록을 읽어 본 사람이라면 깊이 연구하지 않아도 쉽게 알 수 있는 것입니다. 그리고 짐승의 표는 한 번 받으면 회개하여도 도로 꺼집어 내어도 소용이 없습니다. 왜냐하면 사탄이 자신의 소유로 인을 쳐서 확증한 것이기 때문입니다. 이것은 요한계시록에서만 말씀하는 매우 중요한 가르침입니다. 이처럼 사람의 영혼 구원과 관련된 매우 중요한 진리를 틀리게 가르치니 윤석전이 거짓 교사이며 사탄의 종이 아니고 무엇이겠습니까? 지금 여기서는 베리칩이 왜 짐승의 표인지에 대한 설명은 하지 않겠습니다. 여기서 중요하게 다루려는 것은 윤석전이 거짓 목사라는 사실과 왜 이렇게 스스로도 미혹되었고 수 많은 사람들을 미혹하는 사탄의 종이 될 수 밖에 없는지 그 이유를 설명하려는 것입니다.

이 사람의 평소의 설교와 언행 가운데 거짓 목사임을 나타내는 몇 가지를 알아 보겠습니다. 첫째, 이사람은 설교와 성경을 가르치는 중에 종종 욕을 합니다. 수년 전에 한 설교에서 사용한 육두문자는 여자에게 하는 욕이었는데 도가 지나치는 것이었습니다. 차마 여기에 그 말을 담을 수가 없습니다. 이 사람은 하나님의 제단에서 어떻게 행해야 하는지를 모르는 사람입니다. 하나님의 거룩함을 나타내야 하는 주의 종이 그것도 제단에서 회중을 향하여 더러운 말을 한다는 것은 상상도 할 수 없는 것입니다. 이렇게 하는 것은 하나님의 거룩함을 손상하는 것입니다.

나답과 아비후는 여호와께서 지정한 불을 사용하지 않았다는 이유로도 제단에서 바로 죽임을 당했습니다. 강단에서 더러운 욕설을 입에 담는 것이 다른 불로 제사 지내는 것보다 작은 죄이겠습니까? 성경은 마음에 가득한 것을 입으로 말한다고 하였습니다. 그러니 수시로 욕을 입에 담는 윤석전은 그 마음에 더러운 것이 가득한 거짓 목사인 것입니다.

둘째로 이사람은 교만한 자입니다. 교인들을 향하여 반말과 욕설을 한다는 사실도 이 사람이 교만한 것을 증명하지만 또 다른 교만을 볼 수 있는 것은 스스로 기도와 금식을 많이 한다는 것과 자신이 재물이 없다는 것을 꾸준히 자랑한다는 것입니다. 이 사람은 주의 종으로서 당연히 해야 하는 일을 하면서 스스로를 높이는 것입니다. 이 사람은 자신이 하루에 여덟 시간을 기도하는데 자신의 후임 목사는 하루에 다섯 시간을 기도하지 않으면 자격이 없다고 교회에 써 놓았다고 합니다. 하나님이 세운 종을 자신이 후계자로 정하겠다는 자체가 교만이니 교회를 자신의 사유물로 생각하는 것입니다. 그 외에도 이 사람이 매우 교만한 것은 이 사람의 언행을 조금만 관찰하여도 쉽게 느낄 수 있습니다. 즉 영으로 알 수 있다는 것입니다.

셋째로 윤석전의 설교 내용에 대하여 살펴보겠습니다. 이 사람은 성경을 영적으로 해석하는 능력이 없습니다. 이 사람의 설교의 특징은 소리 지르기와 같은 말 반복하는 것입니다. 성령의 감동으로 본문의 내용을 풀어가지도 못하고 깊이 있게 다루지를 못합니다. 그럴수 밖에 없는 것에는 이유가 있습니다. 윤석전은 성경공부를 하지 않는 것입니다. 생각해보십시오. 말씀과 기도가 균형이 잡혀야 하는 것인데 하루에 여덟 시간을 기도하면 성경공부는 언제하고 설교준비는 언제하겠습니까? 설교에 깊이가 없는 이유가 있는 것입니다. 말씀이 독수리의 오른쪽 날개이고 기도가 왼쪽 날개이면 윤석전의 왼쪽 날개는 일 미터로 긴데 오른쪽 날개는 십 센티밖에 안되는 것입니다. 이러한 날개로 날 수가 있겠습니까? 이 독수리는 추락할 수밖에 없습니다.

지금 윤석전은 말씀을 몰라 추락하는 거짓 목사인 것입니다. 스스로 여덟 시간 기도한다는 자랑이 오히려 성경공부 하지 않는다는 부끄러운 사실을 드러내고 있다는 사실을 모르고 있습니다. 윤석전은 말씀을 몰라 스스로도 미혹당하고 다른 사람들도 미혹하는 것입니다. 말씀을 모르면 사탄의 밥이 될 수밖에 없습니다. 예수께서도 사탄이 유혹할 때에 말씀으로 물리쳤습니다. 성경구절을 인용하여 이긴 것입니다. 윤석전은 말씀을 모르는 수준이 심각합니다. 오죽하면 베리칩이 짐승의 표인 것도 깨닫지 못하겠습니까?

네번째로 이 사람은 사실을 논리적으로 설명하는 능력이 전혀 없습니다. 베드로는 성경을 억지로 푸는 사람을 굳세지 못하고 무식한 자라고 했습니다. 윤석전이 이 말씀에 응하는 사람입니다. 이 사람은 베리칩이 짐승의 표가 아니라고 하면서 베리칩이 짐승의 표라고 성경에 쓰여있느냐고 묻는 것이었습니다. 이 사람이 얼마나 무식한지를 잘 드러내는 말입니다. 영혼 구원의 중요한 문제에 대하여 말하려면 이해할 만한 설명을 해야 하는 것이 아니겠습니까? 그런데 이 사람은 베리칩이 짐승의 표라고 성경에 쓰여있지 않으므로 짐승의 표가 아니라는 것입니다. 그것도 입에 거품을 물고 소리치는 것입니다.

그렇다면 윤석전에게 묻겠습니다. 성경에 베리칩이 짐승의 표가 아니라는 말은 있습니까? 신천지가 이단이라는 말이 성경에 없는데 왜 당신은 신천지를 이단이라고 말합니까? 성경에 윤석전이 거짓 목사 짓 하라는 말이 없는데 왜 하고 있습니까? 이 사람은 비논리적이고 비이성적이고 성령이 없는 사람입니다. 이 사람이 한국에서 제일 평수 넓은 건물에서 가르치고 있습니다.

거짓 종 윤석전에 대하여 다시 정리하면 입과 말이 더러우며 거룩하지 않으며 교만하며 성경을 모릅니다. 그럼에도 회개의 설교와 재산 없음과 기도를 많이 한다는 사실로 속이고 있습니다. 즉 윤석전은 광명의 천사로 가장한 사탄의 종입니다. 그러니 한 번 받기만 하면 영원히 사탄의 소유가 되는 베리칩을 짐승의 표가 아니라고 가르치는 것입니다. 그러니 더 이상 미혹받지 않으려면 그 교회를 떠나고 설교를 듣지 마십시오. 여러분이 그 곳에 있는 한, 그 설교를 계속 듣고 있는 한 여러분은 결국 666표를 받게 되고 구원받지 못하게 될 것입니다. 목자와 양은 마지막에 운명을 같이 하게 됩니다.

본문 첫째 구절인 고린도후서 11장 4절은 미혹에 대하여 말씀하는 것입니다. 바울은 자신이 전하고 가르쳤던 사람들이 자신이 떠나고 없는 사이에 잘못 배워 미혹되어 가는 것을 알고 안타까운 마음으로 그들을 경책하는 것입니다. 사람들이 어느새 다른 복음, 다른 예수, 다른 영을 합당하게 여기면서 신앙생활을 하고 있었던 것입니다. 다시 첫번째 본문을 읽어 보겠습니다.

"만일 누가 가서 우리가 전파하지 아니한 다른 예수를 전파하거나 혹은 너희가 받지 아니한 다른 영을 받게 하거나 혹은 너희가 받지 아니한 다른 복음을 받게 할 때에는 너희가 잘 용납하는구나" (고후 11:4).

이 말씀이 지금까지 설명한 네 명의 거짓 목사의 교인들에게 정확하게 응하는 것입니다. 이 거짓 종들이 가르치고 행하는 것은 다른 예수이고 다른 영이고 다른 복음인데 교인들은 잘 용납하고 있는 것입니다. 이들이 전하는 것은 다른 예수, 즉 부자 예수, 편안하게 사는 예수, 넓은 길로 가는 예수이며 이들이 받게 하는 영은 다른 영 즉 음란의 영, 탐심의 영, 거짓의 영, 교만의 영, 미혹의 영이며 이들이 받게 하는 복음은 번영 복음, 돈 복음, 황금 송아지 복음인 것입니다. 그러나 성경이 가르치는 예수는 무화과나무 열매로 배를 채우는 절제의 예수, 제자의 발을 씻기는 섬김과 겸손의 예수, 다른 사람의 죄를 대신 지는 대속의 예수입니다. 하나님께서 주는 영은 거룩한 영, 진리의 영, 죄를 책망하는 영입니다. 구원의 능력이 있는 복음은 보혈의 복음, 십자가 복음, 갈보리 복음입니다.

본문 두 번째 말씀은 이러한 자들, 다른 예수, 다른 영, 다른 복음을 전하는 조용기, 김삼환, 오정현, 윤석전같은 자들을 그리스도의 사도로 가장하는 거짓 사도이고 속이는 일꾼이라고 합니다. 광명의 천사로, 의의 일꾼으로 가장한 사탄의 일꾼이라고 합니다. 다시 본문을 읽어 보겠습니다.

"그런 사람들은 거짓 사도요 속이는 일꾼이니 자기를 그리스도의 사도로 가장하는 자들이니라" "이것은 이상한 일이 아니니라 사탄도 자기를 광명의 천사로 가장하나니" "그러므로 사탄의 일꾼들도 자기를 의의 일꾼으로 가장하는 것이 또한 대단한 일이 아니니라 그들의 마지막은 그 행위대로 되리라"(고전 11:13-15).

이들은 그 행위대로 벌을 받을 것입니다. 다른 예수, 다른 영, 다른 복음을 전한 죄로 영원한 형벌을 받게 되리라는 것입니다. 그러나 이 설교는 지금까지 언급한 네 명을 포함한 대한민국의 거짓 목사들에게 하는 것은 아닙니다. 이 설교 말씀은 거짓 목사를 용납하고 있는 교인들에게 하는 것입니다. 이제 더 이상 속지 말고 회개하여 그 교회들을 떠나라는 것입니다. 그들을 좋게 여기지 말고 용납하지 말라는 것입니다. 거짓 목사의 가르침을 듣고 있는 것은 죄입니다.

한국의 대표적인 큰 교회 네 곳이 거짓 목사라는 사실은 한국 기독교가 얼마나 많이 부패하였고 미혹되어있는 지를 상징적으로 보여주는 것입니다. 이 네 사람, 네 교회 외에도 이들을 본 받아 목회를 하고 이들처럼 되기를 소망하는 주의 종들이 얼마나 많겠습니까? 아직도 한국의 목사들이 조용기를 제일 존경한다니 더 무슨 말을 하겠습니까? 마지막 때의 미혹은 교회 안에서 일어나며 그것도 주의 종이 그 역할을 합니다. 깨어 기도하며 말씀 안에 거하지 않으면 거룩한 삶을 살지 않으면 미혹됩니다.

목자와 양은 운명을 같이 합니다. 의로운 자도 악인의 장막 안에 있으면 구원의 소망이 없습니다. 우물쭈물하다가는 주님은 오고 거짓 목사의 교회를 떠나지 않은 교인들은 목사와 함께 땅에 남겨질 것입니다. 그 날에 남겨진 목사들은 환난 중에도 교인들을 미혹할 것입니다. 짐승의 표를 받게 할 것입니다. 대한민국에서는 조용기, 김삼환, 오정현, 윤석전, 이 네 명의 거짓 목사가 환난 가운데 사탄의 종 노릇하며 짐승의 표를 받게 하고 교인들을 지옥으로 끌고가는 주도적인 역할을 할 수 있으니 특별히 깨어 경계하십시오.

"그런즉 사람을 보내 온 이스라엘과 이세벨의 상에서 먹는 바알의 선지자 사백오십 명과 아세라의 선지자 사백 명을 갈멜 산으로 모아 내게로 나아오게 하소서" "아합이 이에 이스라엘의 모든 자손에게로 사람을 보내 선지자들을 갈멜 산으로 모으니라" "엘리야가 모든 백성에게 가까이 나아가 이르되 너희가 어느 때까지 둘 사이에서 머뭇머뭇 하려느냐 여호와가 만일 하나님이면 그를 따르고 바알이 만일 하나님이면 그를 따를지니라 하니 백성이 말 한마디도 대답하지 아니하는지라" "엘리야가 백성에게 이르되 여호와의 선지자는 나만 홀로 남았으나 바알의 선지자는 사백오십 명이로다"

열왕기상 18:19-22

"엘리야가 그들에게 이르되 바알의 선지자를 잡되 그들 중 하나도 도망하지 못하게 하라 하매 곧 잡은지라 엘리야가 그들을 기손 시내로 내려다가 거기서 죽이니라"

열왕기상 18:40

음란하고 타락한 한국 목사들

14
거짓 목사를 몰아 내라

거짓 선지자를 잡아 죽이는 자는 참 선지자입니다. 본문은 참 선지자 엘리야 한 사람이 거짓 선지자 팔백오십 명과 싸워 이기는 것을 보여줍니다. 이 원리를 현대의 교회에 적용하면 사탄의 종인 거짓 목사를 잡아 죽일 주체는 참 목사들이며 참 주의 종들은 거짓 주의 종들과의 싸움에서 승리한다는 것을 보여 주는 것입니다. 또한 본문 말씀은 수많은 거짓 목사를 멸하기 위하여 참 목사가 많이 필요 없다는 사실을 보여주기도 합니다. 여호와의 전쟁은 군사의 수에 있지 않습니다. 참된 주의 종은 희귀하니 어차피 많이 모을 수도 없습니다. 다윗 혼자서 골리앗의 블레셋 군대를 격파하였고 기드온의 용사 삼백 명이 바다의 모래 수같은 군대를 이깁니다. 이것이 여호의 승리입니다.

지금은 주님의 강림을 눈 앞에 둔 마지막 때입니다. 악의 세력도 때가 찬 줄을 알고 택함을 받은 자들까지도 미혹하여 지옥으로 끌고가려 합니다. 마귀는 믿지 않는 자들을 마음에 두지 않습니다. 왜냐하면 이들은 스스로 멸망의 길을 가고 있기 때문입니다. 마귀가 노리는 것은 믿는 자들이며 믿는 자들을 멸망시키기 위해서는 속여야 합니다. 속인다는 의미는 지옥으로 가는 길을 천국으로 가는 길로 착각하게 만드는 것입니다. 이것을 미혹이라고 합니다.

미혹은 성경 말씀을 잘못 풀면서 시작됩니다. 그러므로 미혹은 성경을 안다고 하는 사람들로부터 옵니다. 불교의 교리나 세상 철학이 미혹하지 않습니다. 마귀가 예수를 유혹할 때에도 성경 구절을 인용하였듯이 미혹은 성경을 손에 들고 가르치는 자들 즉 목사들로부터 옵니다. 기름부음을 받지 않은 삯꾼들이 교회 안에서 교인들을 미혹하는 것입니다.

바알에게 절하는 자들도 여호와 하나님을 믿는 자들입니다. 여호와는 전쟁을 이기게 하는 신으로 믿고 바알은 돈을 주는 신으로 믿는 것입니다. 즉 바알의 선지자는 돈을 사랑하는 현대의 삯꾼 목사를 반영하는 것입니다. 사탄은 크게 두 가지 방법으로 믿는 자들을 공격합니다. 하나는 잡아가고 죽이는 것인데 근대 역사에서는 공산주의자와 과격 무슬림을 주로 이용하여 이 일을 하고 있습니다. 그 전에는 오랫 동안 천주교가 이 일을 했습니다. 다른 한 가지는 미혹인데 이것은 주의 종들, 즉 자칭 사도나 선지자라고 하는 자들과 목사들을 이용합니다. 이러한 거짓 주의 종들이 믿는 자들을 미혹하는 주체입니다. 때가 가까워 옴으로 교회 안에는 거짓 목사가 더욱 창궐하고 있습니다. 지금부터는 이러한 거짓 주의 종들에게 미혹 받지 않고 이들과 싸워서 이길 수 있는 지혜에 대하여 나누어 보겠습니다.

전쟁을 하기 위하여는 적이 누구인지를 알아야 합니다. 즉 거짓 종을 분별할 수 있어야 합니다. 그러기 위해서는 우선 여러분이 섬기는 교회의 목사가 삯꾼일 수 있다는 전제를 하는 것이 중요합니다. 사람들은 보통 자신이 섬기는 교회의 목사가 거짓 목사일 것이라고 인정하기는 어렵습니다. 왜냐하면 벌써 그 목사의 영과 하나가 되었기 때문입니다. 미혹된 사람이 스스로 미혹되었다는 것을 깨닫는 경우는 거의 없습니다. 이것이 미혹의 무서운 점입니다. 미혹하는 자도 미혹 받는 자도 그것이 미혹인 것을 모르는 것입니다. 이러한 한계를 극복하는 방법이 모든 판단을 내려 놓고 여러분의 담임 목사가 거짓 목사일 수도 있다는 가정을 하는 것입니다. 그리고 성령께 묻는 것입니다. 그러할 때에 성령께서 바른 판단을 할 수 있도록 돕습니다.

실제로 세상에는 거짓 목사가 참 목사보다 훨씬 많습니다. 이것은 성경이 말씀하는 것이기도 하지만 나의 경험이기도 합니다. 본문에도 바알의 선지자는 사백오십 명, 아세라의 선지자는 사백 명인데 참 선지자는 엘리야 한 명입니다. 즉 거짓 선지자 팔백오십 명에 참 선지자가 한 명입니다. 이 비율이 무엇인가를 말씀하고 있습니다. 열왕기상 22장 6절에서 8절까지를 보겠습니다.

"이스라엘의 왕이 이에 선지자 사백 명쯤 모으고 그들에게 이르되 내가 길르앗 라못에 가서 싸우랴 말랴 그들이 이르되 올라가소서 주께서 그 성읍을 왕의 손에 넘기시리이다" "여호사밧이 이르되 이 외에 우리가 물을 만한 여호와의 선지자가 여기 있지 아니하니이까" "이스라엘의 왕이 여호사밧 왕에게 이르되 아직도 이믈라의 아들 미가야 한 사람이 있으니 그로 말미암아 여호와께 물을 수 있으나 그는 내게 대하여 길한 일은 예언하지 아니하고 흉한 일만 예언하기로 내가 그를 미워하나이다 여호사밧이 이르되 왕은 그런 말씀을 마소서" (왕상 22:6-8).

참 선지자 미가야는 이 전쟁에서 아합 왕이 죽을 것을 예언하였고 그 예언은 성취되었는데 이 구절의 말씀도 거짓 선지자 사백 명에 참 선지자가 한 사람밖에 없음을 보여 줍니다. 지금의 교회들이 이러한 상황에 놓여 있습니다. 다음은 고린도후서 2장 17절을 보겠습니다.

"우리는 수많은 사람들처럼 하나님의 말씀을 혼잡하게 하지 아니하고 곧 순전함으로 하나님께 받은 것 같이 하나님 앞에서와 그리스도 안에서 말하노라" (고후 2:17).

이 구절은 바울이 사역하던 초대 교회 시절에도 수많은 목사, 교사들이 하나님의 말씀을 혼잡하게 하였지만 바울은 그렇지 않았다고 합니다. 이처럼 거짓 종들은 넘쳐 나지만 참된 주의 종은 보기 드물다는 사실은 고대에나 초대 교회의 시절이나 현대에나 변하지 않았습니다. 그러니 여러분이 섬기는 교회의 목사가 참 목사일 가능성은 매우 희박할 것이라는 전제는 매우 성경적인 것입니다. 그러나 이 권면을 들었음에도 불구하고 여호와께 묻지도 않고 여러분이 섬기는 교회의 목사는 거짓 목사가 아니라고 확신한다면 여러분은 미혹되었을 가능성이 큽니다. 적어도 기도하며 성령께 구하는 겸손한 마음은 있어야 합니다. 그러할 때에 혹시 미혹에서 돌이킬 수 있는 은혜를 입을 수도 있을 것입니다.

여기서 거짓 목사를 구분하는 구체적인 판단 기준은 제시하지 않겠습니다. 다만 여러분의 목사가 아무 것도 소유하지 않고 예수 그리스도처럼 사는지를 보십시오. 그리고 영을 분별할 수 있도록 성령의 도움을 구하십시오. 진정으로 갈급함이 있다면 성령께서 반드시 알게 합니다. 성령께서 여러분의 목사가 거짓 목사라는 것을 알게 하면 전쟁을 준비하십시오. 말씀과 기도로 영적 전쟁으로 들어가는 것입니다. 성령께서 싸우는 방법과 지혜를 알려줄 것입니다. 그리고 그 말씀에 순종하십시오. 여기에는 믿음과 담대함이 필요합니다.

본문 말씀은 거짓 선지자들이 모두 죽임을 당하는 것을 보여줍니다. 이 팔백오십 명은 이세벨의 상에서 먹는, 즉 제도권 안에서 혜택을 누리는 이스라엘의 거짓 선지자를 망라한 것입니다.

그들 모두를 잡아 죽였습니다. 한 명도 살려주지 않았습니다. 하나님께서는 아말렉과 전쟁을 할 때에도 하나도 남기지 말고 죽이라고 명령하였습니다. 이처럼 적을 완전히 진멸시키는 것이 여호와께서 하는 전형적인 전쟁의 모습입니다. 이들을 잡는 사람은 이스라엘 백성이며 죽이는 사람은 선지자 엘리야입니다. 교인과 참 목사가 협력하여 거짓 목사를 진멸한 것입니다.

거짓 선지자들을 잡은 이스라엘 백성들도 처음에는 이들이 거짓 선지자인지 판단을 하지 않고 관망하였습니다. 엘리야가 이스라엘 백성들에게 여호와와 바알 중에 하나를 따라야 할 것이라고 명하자 이들은 머뭇머뭇하며 대답을 못합니다. 이들은 여호와가 하나님인줄을 알고 있지만 풍요의 신으로 믿는 바알을 버리기는 아깝기 때문에 그렇게 한 것입니다. 이들의 모습은 하나님과 돈을 함께 사랑하는 현대의 교인들의 모습을 그대로 반영하는 것입니다. 이 땅에서 편하고 풍요로운 삶을 추구하며 동시에 천국도 소망하는 잘못된 믿음을 가진 교인들을 예표하는 것이며 이러한 사람들은 둘 중에 하나를 선택하는데 머뭇거릴 수 밖에 없습니다. 그러나 처음에는 이처럼 머뭇거리던 이스라엘 백성도 바알의 선지자가 거짓 선지자인것을 다시 깨닫는 순간 전쟁을 합니다. 참 종 엘리야에게 부어진 성령의 능력이 미혹되었던 이스라엘 백성의 눈을 열어준 것입니다. 이 설교가 한국의 교인들에게 동일한 능력으로 임하기를 소망합니다.

엘리야 혼자서 수백 명의 거짓 선지자를 죽일 수 있었던 것은 이스라엘 백성이 도왔기 때문입니다. 그러니 여러분도 이 땅의 거짓 목사들을 멸절시키는 일에 함께 동참할 것을 당부합니다. 이제 우물쭈물, 머뭇머뭇할 때가 아닙니다. 나아가서 싸울 때입니다. 이러한 전쟁을 위해 한국의 모든 교인들이 일어나야 합니다. 전 교회가 깨어나야 하는 것입니다. 이것이 하나님께서 기뻐하는 전쟁입니다. 전면전으로 초토화시키는 것입니다. 하나님의 전신갑주를 입고 담대히 행진을 할 때에 적들은 일곱 길로 흩어져 도망할 것입니다.

　엘리야는 오랫 동안 아합과 이세벨로부터 위협을 당하고 있었습니다. 그러나 무엇인가 작심을 하고 바알과 아세라의 선지자를 갈멜 산으로 불러 결투를 합니다. 엘리야가 먼저 선전포고를 한 것입니다. 이러한 엘리야의 모습은 현대의 참 주의 종들이 거짓 목사와의 전쟁에 어떻게 임해야 하는지를 견본으로 보여주는 것입니다. 참 주의 종은 숨는 것이 아닙니다. 싸움을 피하는 것도 아닙니다. 적을 지명하고 불러서 싸우는 것입니다. 얼마 전 다른 설교에서 한국의 대표적인 거짓 목사 몇 사람의 죄를 지적한 적이 있습니다. 그리고 교인들이 그들로 부터 미혹 받지말 것을 당부하였습니다. 그 설교가 적을 지명하고 불러내어 싸운 것입니다. 교인들도 이제는 거짓 목사를 교회에서 몰아내는 영적 전쟁에 임해야 합니다. 이것이 본문 말씀을 통해 교인들에게 주는 메시지입니다. 바알을 섬기던 이스라엘 백성도 이렇게 하였다면 현대의 교인들이 못할 이유가 없는 것입니다.

다음은 바알의 선지자를 몰살 시킨 성경의 또 다른 사건을 살펴보겠습니다. 열왕기하 10장 18절, 19절과 25절을 보겠습니다.

> "예후가 뭇 백성을 모으고 그들에게 이르되 아합은 바알을 조금 섬겼으나 예후는 많이 섬기리라" "그러므로 내가 이제 큰 제사를 바알에게 드리고자 하노니 바알의 모든 선지자와 모든 섬기는 자와 모든 제사장들을 한 사람도 빠뜨리지 말고 불러 내게로 나아오게 하라 모든 오지 아니하는 자는 살려 두지 아니하리라 하니 이는 예후가 바알 섬기는 자를 멸하려 하여 계책을 씀이라" (왕하 10:18-19).
> "번제 드리기를 다하매 예후가 호위병과 지휘관들에게 이르되 들어가서 한 사람도 나가지 못하게 하고 죽이라 하매 호위병과 지휘관들이 칼로 그들을 죽여 밖에 던지고" (왕하 10:25).

하나님께서 예후에게 이스라엘 왕으로 기름을 붓자 예후는 북이스라엘에 있는 바알의 선지자와 제사장들을 모두 모아 몰살시킵니다. 엘리야가 바알의 선지자를 죽인 모습과 흡사합니다. 열왕기하 10장 30절을 보겠습니다.

> "여호와께서 예후에게 이르시되 네가 나보기에 정직한 일을 행하되 잘 행하여 내 마음에 있는 대로 아합 집에 다 행하였은즉 네 자손이 이스라엘 왕위를 이어 사대를 지내리라 하시니라" (왕하 10:30).

이 말씀은 예후가 아합 집안의 자손과 아합을 따르던 바알의 선지자들을 모두 죽인 일에 대하여 예후에게 상급을 주는 내용입니다. 예후의 집안은 예후를 포함하여 5대가 약 102년 동안 북이스라엘의 왕위를 유지하게 됩니다. 북이스라엘의 총 역사 208년의 기간 중에 예후의 집안이 거의 절반의 기간 동안 왕위를 가진 것이니 그 복이 참으로 큰 것입니다. 이처럼 거짓 주의 종들과 싸우고 승리하는 것은 하나님께서 가장 기뻐하는 일 중의 하나입니다.

엘리야가 바알의 선지자들을 죽인 것과 예후가 바알의 선지자들을 죽인 것에는 두 가지 공통점이 있습니다. 하나는 직접 불러들여 죽인 것이고 다른 하나는 한 명도 남기지 않고 진멸시켰다는 사실입니다. 성경이 이러한 예를 보여주는 것은 지금의 교회들도 이러한 승리를 할 수 있다는 것을 교훈하는 것입니다. 거짓 목사가 한 명도 이 땅에 발을 붙이지 못하게 하는 승리, 이것이 여호와께서 기뻐하는 거짓 목사와의 전쟁입니다.

지금부터는 거짓 목사와의 실질적인 전쟁 방법에 대하여 나누어 보겠습니다. 여러분의 목사가 거짓 목사라는 사실을 성령께서 조명해주면 그동안 거짓 목사에게 미혹되었던 것에 대하여 회개하십시오. 그리고 그 목사가 교회를 떠나도록 기도를 하십시오. 신앙 생활을 한다는 것은 전쟁을 하는 것입니다. 기도로 영적 전쟁을 하는 것이 믿음 생활의 기본적이고도 중요한 부분입니다. 그러니 거짓 목사를 타고 역사하는 악한 영들을 상대하여

기도로 싸우는 것입니다. 거짓 목사인 것을 깨닫는 순간 영적 전쟁으로 들어 가십시오. 혼자서 시작하십시오. 한 사람의 기도로도 거짓 목사를 쳐낼 수 있습니다.

기도의 영적 전쟁이 진행됨에 따라 성령께서 여러분에게 거짓 목사의 죄를 지적하여 회개를 촉구하게 할 수도 있습니다. 또는 교회를 떠날 것에 대한 메시지를 보내라고 할 수도 있습니다. 당사자인 목사에게만 알도록 메시지를 보낼 수도 있고 교인들도 알도록 공개적인 편지를 보내게 할 수도 있습니다. 익명으로 보낼 수도 있고 이름을 밝힐 수도 있습니다. 성령께서 인도하는 대로 따르면 됩니다. 순종할 때 하나님께서 그 거짓 목사를 교회에서 쫓아 냅니다.

지금 설명드린 거짓 목사와의 전쟁 방법은 성경적이기도 하지만 내가 경험한 것이기도 합니다. 즉 그 효과가 입증된 것입니다. 그 경험을 간단히 소개하겠습니다. 교회에 바쳐진 하나님의 성물을 사유물처럼 여기고 진리를 혼잡하게 하던 은퇴 직전의 목사에게 조금 전에 설명한 대로 한적이 있습니다. 나는 그 때에 목사 안수를 받고 그 교회를 떠나기 직전이었습니다. 그런데 하나님께서 조금 더 머무르게 하였습니다. 처음에는 그러한 사명을 주려고 그 교회에 당분간 더 머물게 한 것인지를 알지 못했습니다. 그러나 결과적으로 목사 안수 받은 후 첫 사역이 아이러니하게도 내가 집사로 섬기던 교회의 목사의 죄를 지적하고 회개를 촉구한 것이 되었습니다.

그 결과 그 목사는 삼십 년간의 목회를 불명예와 수치로 마감하였습니다. 퇴직금 수십억 원을 몰래 가져 기려다 발각이 났으며 온 세상이 다 알게 되었습니다. 크게 망신당하고 퇴직금은 일 원도 받아가지 못했습니다. 강력한 기도와 죄를 지적하며 회개를 촉구하는 성령님의 말씀이 공개적으로 전달되자 하나님께서 그 거짓 목사를 친 것입니다. 부담이 있었지만 순종할 때에 하나님께서 행하였습니다. 삼십 년 넘게 숨겨졌던 거짓 목사의 정체를 드러나게 하였고 헌물 수십억 원을 지킨 것입니다. 조금도 혈과 육으로 하지 않았습니다. 다른 사람들과 연합하지도 않았습니다. 혼자 기도와 말씀으로만 승리한 것입니다.

그리고 유사한 방법으로 동일한 교회의 거짓 전도사를 내쫓은 적이 있습니다. 이 전도사는 조금 전에 언급한 거짓 목사의 도움으로 교회의 공식적인 검증 없이 뒷 문으로 들어와서 파트타임으로 사역을 하였습니다. 이 전도사는 교인에게 돈을 빌리고 교인들 사이를 이간질하여 사분 오열시키는 등 문제가 많았습니다. 장로와 교인들이 담임 목사에게 그 전도사를 해임할 것을 여러 차례 요청하였음에도 담임목사는 그 전도사를 해고하지 않았습니다. 담임목사가 죄와 허물이 드러난 전도사를 해고하지 않은 것은 두 사람이 같은 거짓 교사의 영을 가졌기 때문인 것입니다.

이 거짓 전도사를 내쫓기 위해 은밀히 몇 개월을 기도하였고 마지막에는 일 주일간 금식 기도를 하였습니다. 나중에 알고 보니 같은 기도를 한 소수의 교인들이 더 있었습니다. 이 거짓 전도사는 교회를 떠나라는 하나님의 말씀에 순종하지 않고 버티다 결국에는 한 교인으로부터 쓰레기통을 뒤집어 쓰는 수치를 당하기도 하였습니다. 하나님께서 한 것입니다. 그런 후 얼마 안 되어 교회를 떠났습니다. 몇 사람의 기도로 거짓 전도사를 내 쫓은 것입니다.

이 두 가지 경우의 공통점 중에 하나는 하나님께서 거짓 교사들을 쫓아낼 때 수치를 당하게 한다는 것입니다. 이들은 쫓겨나기 전에 몇 차례의 회개할 기회가 주어졌음에도 이를 거부하다 결국 망신을 당하며 쫓겨났습니다. 하나님께서는 다른 방법으로 거짓 목사를 몰아낼 수도 있습니다. 몸을 쳐서 못 움직이게 할 수도 있습니다. 아니면 영혼을 데려가는 방법을 쓸 수도 있습니다. 어떠한 방법으로 거짓 종을 쫓아내든지 그것은 여호와께 달려있으니 여러분이 마음 쓸 것은 없습니다. 여러분이 마음에 두어야하는 것은 거짓 목사들과 기도와 말씀으로 전쟁을 하여야 한다는 사실입니다.

삼십 년 넘게 광명의 천사로 가장했던 대형 교회의 목사가 거짓 목사임을 드러내고 헌물 수십억 원을 지키게 한 것은 회개하라는 책망의 편지였습니다. 물리적으로 하지 않았고 세상 법정으로 가지도 않았습니다. 기도와 말씀으로만 한 것이며 하나님께서 이룬 것입니다. 여러분 누구도 어느 교회에서도 동일하게 이러한 영적 전쟁의 능력을 경험하고 열매를 맺을 수 있습니다.

이렇게 하는 것은 성경이 가르치는 것이며 실제 적용하여 그 효과도 한 번 이상 검증되었습니다. 그러니 대한민국의 교인 여러분은 이제 일어나십시오. 교인들을 열 배나 더 지옥 자식이 되게 하는 거짓 목사들과 싸우십시오. 엘리야처럼, 예후처럼 먼저 불러 내고 진멸하십시오.

마지막 때에 미혹을 받지 않도록 주의하라는 주님의 당부를 기억하십시오. 싸우지 않으면 여러분은 미혹될 수 있습니다. 스스로 전쟁을 일으켜 승리하지 않으면 지는 것입니다. 성경은 전쟁의 역사이지 평화의 역사가 아닙니다. 하나님은 이스라엘에게 전쟁하여 땅을 정복할 것을 명하였습니다. 가나안의 적을 모두 쫓아낸 후 평안히 거주할 수 있게 하지 않았습니다. 직접 싸워서 땅을 취하라고 하였으며 그러할 때에 하나님께서 도우는 것입니다. 구약의 수많은 전쟁은 지금의 영적 전쟁의 그림자입니다. 하나님은 우리가 영으로 전쟁할 것을 명령합니다.

하나님은 여호수아에게 말씀에 순종하고 담대한 믿음을 가지라고 명하였습니다. 그리할 때 평생에 대적할 자가 없을 것이라고 하였습니다. 여호수아 1장 6절에서 9절까지를 보겠습니다.

"강하고 담대하라 너는 내가 그들의 조상에게 맹세하여 그들에게 주리라 한 땅을 이 백성에게 차지하게 하리라" "오직 강하고 극히 담대하여 나의 종 모세가 네게 명령한 그 율법을 다 지켜 행하고 우로나 좌로나 치우치지 말라 그리하면 어디로 가든지 형통하리니" "이 율법책을 네 입에서 떠나지 말게 하며 주야로 그것을 묵상하여 그 안에 기록된 대로 다 지켜 행하라 그리하면 네 길이 평탄하게 될 것이며 네가 형통하리라" "내가 네게 명령한 것이 아니냐 강하고 담대하라 두려워하지 말며 놀라지 말라 네가 어디로 가든지 네 하나님 여호와가 너와 함께 하느니라 하시니라" (수 1:6-9).

이 구절은 여호수아가 승리할 수 있는 조건 두 가지를 말씀합니다. 그 중 하나는 강하고 담대하라는 것입니다. 적과의 전쟁을 두려워하지 말라는 것입니다. 철 병거도 무서워하지 말고 거인 아낙 자손도 두려워하지 말라는 것입니다. 즉 이 말씀을 지금의 영적 전쟁에 비유하면 거짓 목사가 아무리 큰 교회를 세우고 유명하고 영향력이 클지라도 몰아내는 것을 두려워하지 말라는 것입니다. 담대히 싸워서 내 쫓으라는 것입니다.

다른 하나는 하나님의 율법을 모두 지켜 행하라는 것입니다. 작은 계명 하나라도 모두 지키라는 것입니다. 이 말씀은 예수님께서도 가르쳤습니다. 그러니 지금의 교회에도 적용되어야 하는 명령입니다. 전쟁의 승리를 위한 조건을 다시 정리하면 담대함과 계명을 온전히 지키는 것입니다. 승리를 위하여는 이 두 가지 모두가 필요합니다.

하나님께서는 여러분이 여호수아처럼 백전백승하고 엘리야와 예후 처럼 진멸시키는 승리를 기뻐합니다. 주님 올 때가 임박한 지금 한국의 모든 교회들이 계명을 지키며 강하고 담대한 믿음으로 거짓 목사들을 진멸하고 승리하여 새로운 부흥을 맞게 되기를 곧 오실 우리 주 예수 그리스도의 이름으로 축복합니다.

지옥 가는 목사들 ───────────────

초판 1쇄 2018년 9월 19일
초판 2쇄 2019년 3월 19일

지은이 다니엘조
펴낸곳 쉐미니 아쯔렛 (Shemini Atzeret)
주 소 경기도 안양시 동안구 평촌동 41-6 B/201
이메일 sukkot777@gmail.com
등 록 2018. 8. 20 제2018-000081

ISBN 979-11-964731-0-5 03230

- 책값은 뒤표지에 있습니다.
- 이 출판물은 저작권법에 의해 보호를 받는 저작물이므로 무단 전재와 무단 복제를 할 수 없습니다.

이 도서의 국립중앙도서관 출판예정도서목록(CIP)은 서지정보유통지원시스템 홈페이지(http://seoji.nl.go.kr)와 국가자료공동목록시스템(http://www.nl.go.kr/kolisnet)에서 이용하실 수 있습니다. CIP제어번호: CIP2018027904